Tilman Röhrig

Sagen und Legenden vom Niederrhein

Impressum

Tilman Röhrig
Sagen und Legenden vom Niederrhein

3. Auflage 2024

Regionalia Verlag,
ein Imprint der Kraterleuchten GmbH,
Gartenstraße 3, 54550 Daun

Titelbild (Kriemhildmühle, Xanten): iStock.com/MichaelUtech
Illustrationen: iStock.com/VeraPetruk
Gestaltung, Satz, Umschlag: Björn Pollmeyer

Hergestellt in der Europäischen Union, Finidr, CZ

MIX
Papier aus verantwortungsvollen Quellen
FSC® C014138

ISBN 978-3-95540-356-0
www.regionalia-verlag.de

Tilman Röhrig

Sagen & Legenden vom Niederrhein

REGIONALIA
VERLAG

Inhalt

Der Drache von Geldern

Auf dem Feld hat er fünf Knechte
in seinen Klauen zerrissen.

Im Morgengrauen schäumte das Wasser auf Rhein und Maas. Von Norden her flogen Drachenboote den Ufern zu, die furchtbaren Echsenköpfe zum Angriff erhoben, wie Flammen züngelten ihre gespaltenen Zungen. Aus den Bäuchen sprangen Unholde an Land. Sie ließen die Boote wie leere Hüllen zurück. Jeder Trupp trug sein Drachenhaupt voran, jeder Mann wurde zum Teil eines riesigen Leibes, ihre Schilde fügten sich zur ledernen Schuppenhaut. In den Augen glühten Gier und Mordlust. Mit Feuer, Schwertern und Äxten fielen Wikingerhorden über das blühende Land des Niederrheins her, zerrissen Kinder, Frauen und Männer, fraßen das Vieh, sie stießen den Brand in jede Hütte, jedes Haus. Des Nachts zeichneten Feuerlohen und Funkenregen ihre todbringenden Bahnen. Anfang Mai des Jahres 878 führte die Spur eines der Drachen direkt in das Gebiet des Herrn von Pont.

»Ich verbiete es!«, befahl der verhärmte Mann seinen beiden Söhnen. Lupold und Wichard standen vor dem Vater, beide waren gerüstet. Drache oder Rotte der Wikinger, ganz gleich, die Junker waren zum Kampf bereit. »Wir dürfen doch nicht tatenlos zusehen.« Wichard war stark. Lupold, der ältere Bruder, ersetzte körperliche Kraft durch Gewandtheit und Vernunft. Sie waren der Stolz des Vaters.

»Wir warten.« Otto von Pont wollte keinen der beiden dem sicheren Tod ausliefern. »Vielleicht werden wir und die Burg verschont.«

Kein Angriff bedrohte den Herrensitz. Mordend und plündernd zerstörte das Ungeheuer die Siedlungen und Gehöfte rundum, zog über die Grenze und nistete sich, kaum eine Wegstunde entfernt, im weiten Sumpfgebiet am Ufer der Niers ein. Otto von Pont atmete auf. »Gott hat mein Gebet erhört.«

»Aber Vater!« Lupold zeigte von der Wehrmauer ins verwüstete Land. »Dort lebten Menschen, die für uns das Brot backten, unser Vieh hüteten. Die meisten unserer Höfler liegen nun erschlagen auf den Feldern. Auch sie haben gebetet, doch Gott hat sie nicht erhört. Sie hofften auf unseren Schutz, doch wir haben uns feige verkrochen.«

»Schweig!« Zornröte flammte im Gesicht des Herrn von Pont. »Wage es nicht, deinen Vater zu mahnen.«

Erbittert stieß jetzt Wichard die Fäuste gegeneinander. »Wer sich nicht wehrt, der geht unter.«

»Wie dumm ihr seid!« Der alte Mann zwang sich zur Ruhe. »Seit Jahrzehnten werden mein Land und auch die übrigen Herrschaftsgebiete des Niederrheins immer wieder heimgesucht. Niemand kann dieser teuflischen Geißel widerstehen. Ihr wart noch Kinder …« Otto von Pont stockte, die Erinnerung bereitete ihm Qual. »Eure Mutter. Sie hat es gewagt. Um euch zu schützen.« Damals saß Frau von Pont am Ufer der Niers. Ihre Söhne ließen glatte Steine übers Wasser hüpfen, jauchzten. Jäh fuhr eine der Bestien zwischen den Sträuchern hervor. Noch ehe das vielköpfige Ungeheuer über den Kindern war, stellte sich ihm die Mutter entgegen.

»Ihr konntet gerettet werden. Doch sie …« Otto von Pont schloss die Augen. »Was auch geschieht. Ich will euch nicht auch verlieren.« Nie war die Wunde verheilt, der Verlust hatte den Herrn gebrochen. Wichard und Lupold blickten sich an und schwiegen.

Im Juni erreichten bestürzende Nachrichten die Burg: Ein Hirte hatte nahe des Sumpfgebietes seine Schafe auf die Weide getrieben. Des Morgens fanden zwei Müllerknechte den verstümmelten Mann am Wegrand. »Der rote Drache … Vom Mispelbaum kam er … Meine Tiere hat er gefressen … Ich wollte fort … Dann …« Mit einem Röcheln starb der Schäfer.

Einige Tage später wankte eine Magd auf den Hof. Der Kittel hing in Fetzen, ihr Gesicht war leichenblass, das Haar verkohlt. »Der Drache!« Sie hustete, keuchte: »Gestank und Feuer kamen aus dem Maul.« Sie rang nach Luft und stürzte leblos zu Boden.

»Die Bestie hat das Dach der Scheune weggerissen. Rüben und alles Korn hat sie gestohlen.«

»Auf dem Feld hat sie gestern fünf Knechte in ihren Klauen zerfleischt.«

Niemand wagte sich mehr in die Nähe des von Schlinggewächsen überwucherten Mispelbaums, niemand bestellte mehr seinen Acker am Rand des Sumpfgebietes. Voll Grauen rafften die Menschen ihre wenige Habe zusammen. Doch wohin? Ihr kleines Volk hatte keinen eigenen Vogt, und der König war weit. Sie flohen über die Grenze zur Burg des Herrn von Pont, lagerten draußen vor dem Tor. Wer Macht hat, der soll uns auch beschützen, verlangten sie stumm.

»Öffnet Speicher und Keller.« Otto von Pont schickte seine Söhne. »Wir teilen mit den Armen. Sie sollen satt werden. Mehr vermag ich nicht zu tun.«

»Doch, Vater«, begehrte Wichard auf.

Ehe Lupold dem Bruder beipflichten konnte, herrschte Otto: »Gehorcht!« Seine hagere Gestalt zitterte.

Im August waren die Vorräte der Burg fast aufgezehrt. Alle Felder lagen brach, keine neue Ernte wurde eingebracht. Von Woche zu Woche mengte der Bäcker mehr Asche und Erde ins Mehl. Es gab kaum noch Fleisch. Wieder und wieder wurden die Knochen des Schlachtviehs ausgekocht. Hunger quälte die Kinder, die Frauen und Männer vor dem Tor, leer blieben die Schüsseln auf dem Tisch in der Burghalle. Wichard zerdrückte das Trinkhorn. »Auch ohne Kampf tötet uns der Drache. Erst verhungern die Leute da draußen, dann wir selbst.«

Otto von Pont stützte den Kopf in beide Hände.

Leise drängte Lupold den Vater: »Nichts tun bedeutet Schuld. Wie willst du diese Last tragen?«

Der hagere Mann stöhnte. Schließlich blickte er seine Söhne an. »Ihr habt recht. Gott wird mich strafen, wenn ich weiter tatenlos zusehe. Nur, ich bin zu alt und müde, deshalb sollt ihr ...«

»Ja, Vater!«, riefen beide. »Wir kämpfen gegen das Untier!«

»Nein!« Die scharfen Falten um den Mund vertieften sich. »So hört doch.« Er wandte sich an Lupold. »Du hast Verstand. Halte deinen Bruder zurück. Ja, ihr sollt den Drachen töten, doch nicht mit ihm kämpfen.«

Wichard schleuderte das Trinkgefäß gegen die Hallenwand. »Zögern! Zaudern! Wie lange noch? Losschlagen müssen wir. Mit Gott, Drauf und Dran!«

Inständig flehte der Vater um Mäßigung. »Blinde Kühnheit allein macht euch nicht zu Helden. Erst wenn es keinen Ausweg mehr gibt, wird Mut zum Heldenmut.«

Lupold begriff. »Sorg dich nicht. Mir fällt schon was ein.«

Noch am selben Tag riefen sie im Zeltlager vor der Burg die verängstigten Menschen zusammen. »Wer hat den Drachen gesehen?« Breitbeinig stand Wichard da.

Zaghaft meldete sich ein Bauer, dann der Schmied, dann traten Mägde und Knechte vor.

»Wie sieht die Bestie aus?« Alles wollte Lupold wissen, genau musste er den Feind kennen, um gegen ihn anzutreten.

Die Antworten ließen ihn erbleichen. Selbst Wichard sanken die mächtigen Schultern. Groß und rot war er, das wussten sie. Doch dann: drei Echsenköpfe. Aus jedem Maul züngelten todspeiende Schlangen. Der schuppige Rumpf war bis zum Schwanz mit einem spitzigen Höckerkamm bewehrt. Flügel hatte er wie eine riesige Fledermaus und gekrümmte Krallenklauen. Nicht nur Feuer spie der Drache.

Mehr noch wussten die Gequälten zu berichten: Wen der Blick aus den glühenden Augen traf, der wurde blind. Allein sein heißer Atem verwelkte Blätter, verdorrte das Gras. Mit gellenden Schreien lähmte er seine Opfer. Im Schwanz saß die größte Kraft. Ein einziger Schlag fällte Ochsen, oder er umschlang die Beute und zerquetschte sie. »Wenn der Drache einatmet, saugt er alles an, was vor ihm steht.« Der Bauer griff sich an die Kehle. »Niemand …«

»Genug!« Lupold wehrte ab. Mit rauer Stimme versicherte er: »Ich und mein Bruder«, er schluckte schwer, bemühte sich, den Menschen etwas Hoffnung zu geben, »wir werden das Land von dieser Ausgeburt der Hölle befreien.«

Kaum waren die Junker zurück im Burghof, brummte Wichard: »Wie denn? Da hilft nur Drauf und Dran, und wenn es uns das Leben kostet.«

»Warte ab.«

Lupold ließ den Bruder die letzten drei Schweine schlachten. Er selbst rührte im Kessel einen kalten Brei aus Blut, Pech und Haaren, dazu gab er Sumpfschlangenwurz, Kornrade und viel vom Wasserschierling. Diesen Giftschlamm füllte er in die Saumägen und nähte sie mit gezwirbelten Darmsehnen zu.

Im Nachmittag des letzten Augusttages ritten die Brüder aus dem Tor. Heiß war es. Am Rand des Sumpfgebiets saßen sie ab. Drüben, inmitten des kahlgebrannten Feldes, ragte der Mispelbaum. Sie waren entfernt genug, um den Drachen nicht zu reizen, nah genug, um die tödlichen Köder auszulegen. Deutlich führte eine schwarz verkohlte Schneise bis zum Ufer der Niers. Diesen Weg nahm das Ungeheuer, wenn es den Durst stillen wollte.

Rasch legten Wichard und Lupold die prallen Saumägen aus und hasteten davon. Nahe der Grenze warteten sie. Kein Laut war zu hören. Erst in der Dämmerung erzitterte die Erde wie unter hundert Pferdehufen. Lupold fasste den Arm des Bruders. »Vielleicht, Wichard, vielleicht …«

Schreie! Markerschütterndes Gebrüll. Der Lärm riss ab. Nach einer Weile folgte urtiefes Röcheln, Würgen. Feuerlohen zuckten über der Niers. Und dann wieder ließ das Stampfen die Erde dröhnen. Heulend zog der Drache in Richtung Mispelbaum davon.

Wichard ballte zornig die Faust. Doch Lupold versicherte: »Auch wenn das Gift ihn nicht getötet hat, es wird in ihm wühlen. Vertrau mir, Bruder.« Sie warfen sich auf die Pferde und galoppierten nach Pont zurück.

Lupold beantwortete die Fragen des Vaters nicht, sagte nur: »Mein Plan ist gut.«

Früh am nächsten Morgen ließ er von Wichard die letzten drei Ochsen schlachten. Ihre Köpfe durfte er nicht vom Fell trennen. »Verteile das Fleisch unter den Hungrigen.« In die Häute nähte er zu dem Gedärm verrostete Lanzenspitzen, Schwertklingen und dreigezackte Wurfhaken. Auf einem Karren fuhren sie die gestopften Ochsenleiber jenseits der Grenze zum Ufer der Niers.

Tiefe Gräben und Schlammhügel zeigten, wie sehr der Drache am Vorabend hier vor Schmerz gewütet hatte. Lupold nickte befriedigt. »Hilf mir«, bat er den Bruder. Gemeinsam wuchteten sie die Kadaver in den Fluss, stellten sie aufrecht. Nur Rücken und Schädel ragten aus dem Wasser, die Ochsenaugen stierten leblos zum Ufer. »Daran wird er sich den Schlund aufreißen.«

»Wir verschwenden nur Zeit«, schimpfte Wichard. »Drauf und …«

»Morgen, Bruder«, schnitt ihm Lupold das Wort ab. »Morgen werden wir all unsere Kraft nötig haben.«

Er wartete nicht. Fast hatten sie wieder die Herrschaft Pont erreicht, da vernahmen sie weit hinter sich dumpfes Grollen und Gepolter. »So oder so. Mein Plan ist gut«, sagte er. »Ich weiß es.«

Der dritte Tag brach an. »Vater. Heute werden wir gegen den Drachen kämpfen.«

Lupold musste den alten Mann bis zum hohen Lehnstuhl stützen.

»Du solltest eine Lösung finden.« Otto von Pont sah verzweifelt zu seinem ältesten Sohn auf.

»Ich habe alles versucht.«

Wichard dehnte die Brust. »Ich wusste es gleich. Was nutzt der Verstand, wenn es gegen einen Drachen geht.«

Ohne den Bruder zu beachten, erklärte Lupold: »Keinen Ausweg. Aber ich habe den Weg gefunden, auf dem wir, wenn Gott uns gnädig ist, eine Chance haben, dieses Untier zu besiegen.« Vielleicht hatten ja Gift und Eisenspitzen den Drachen von innen geschwächt. »Jetzt bleibt uns keine Wahl.« Gefasst blickte er zu Wichard hinüber. »Das Drauf und Dran müssen wir heute gemeinsam wagen.«

Sie legten die Kettenhemden an, gürteten ihre Schwerter. Ehe sie in der späten Dämmerung aufbrachen, knieten sie vor dem Vater und baten um seinen Segen. Otto von Pont strich ihnen das Kreuz auf die Stirn. Ein letztes Mal umarmte er seine Söhne. »Ihr seid mein einziges Glück.« Kurz war der Abschied.

Wichard und Lupold bestiegen die Pferde, ließen sich Speer und Morgenstern reichen und trabten zum Tor hinaus. Vom Fenster sah der hagere Mann den Mutigen nach, bis sie zwischen den Bäumen entschwunden waren.

Die Luft war schwül. Schwer hingen die Wolken. Als die Ritter das flache Sumpfland erreichten, flohen Ratten und alles Getier, jedes Geräusch erstarb. Sie ließen die Hengste bei den Büschen zurück. Auf dem freien Feld, am Ende der Schneise, hob sich drohend der schwarze Umriss des Mispelbaums. Die Brüder standen sich gegenüber. Einer sah die Furcht im Gesicht des anderen.

»Oft war ich voller Neid und Missgunst«, sagte Lupold. »Verzeih mir«.

»Oft hab ich dir Unrecht getan, weil ich mehr Kraft besitze«, sagte Wichard. »Verzeih mir.«

Sie umarmten sich, besiegelten jeden alten Zwist mit dem Bruderkuss und schlossen ein neues Band.

»Jetzt sind wir stark.« Lupold lächelte.

Wichard wischte die Stirn. »Drauf und Dran!«

Sie verließen die Deckung. Mitten auf der verkohlten Drachenspur gingen sie nebeneinanderher. Näher und näher. Nichts rührte sich unter dem Mispelbaum. Kaum fünfzig Schritt trennten sie noch vom Lagerplatz der Bestie.

Zwei Punkte glühten auf, dann waren es sechs, schnell wuchsen sie, sprühten Funken. Jetzt schlug ihnen Grollen und Knurren entgegen. Wichard und Lupold schritten weiter. Ihre Speere fest umklammert betraten sie das freie Feld.

Mit einem gellenden Schrei fuhr der Drache aus dem Nachtschatten. Im Dämmerlicht blies er sich auf, spreizte die nackten Flügel. Entsetzt stockten Wichard und Lupold.

Die drei Echsenköpfe zuckten vor, zur Seite, sie bogen sich zurück. »Gelre!« Ein dreifaches Gelächter. Flammen fauchten aus den Rachen. Peitschend schlug der lange Schwanz hin und her, Asche- und Erdwolken stoben. Das Untier richtete sich auf, war jetzt dreimal höher. Aus den Vorderklauen glitten Krallen, blitzten wie Säbel. Der Drache schabte sie aneinander, schärfte sie. Seine glühenden Augenpaare waren fest auf die Opfer gerichtet.

Lupold schüttelte die Angst ab. »Sobald er angreift, springen wir, du nach rechts, ich nach links.«

Wichard nickte.

Das Ungeheuer stampfte mit den Hinterläufen.

Hastig keuchte Lupold: »Treib ihm den Speer ins Herz. Ich lähme den Schwanz.«

Jäh schoss der Drache nach vorn, war zu schnell. Ehe die Brüder ausweichen konnten, streifte sie der Feueratem. Ihre Kettenhemden glühten, die Ringe verschmolzen. Beide schrien, doch es blieb keine Zeit für Schmerz. Mit aller Wucht stieß Wichard zu. Sein Speer glitt an dem harten Schuppenleib ab. Wieder und wieder versuchte der bärenstarke Junker, einen Spalt zwischen den Hornschuppen zu treffen. Alle Echsenköpfe fuhren herum. Schlangen züngelten aus den riesigen Rachen, aus ihren Mäulern zuckten glühende Vipern, wie Pfeile schossen sie auf den Tapferen nieder. Wichard wich aus, duckte sich, wich aus, er verlor den Speer, sprang zurück. Es gelang ihm, das Schwert zu zücken. Eine Viper bohrte sich in den Schenkel, er riss sie heraus. Um seinen Kopf zischte und sprühte es. Mit einem verzweifelten

Rundschlag warf sich Wichard nach vorn. Das scharfe Blatt durchschnitt die Schlangenzunge des mittleren Mauls. Das Untier krümmte sich, sprang in die Höhe, schlug krachend zur Erde. Gestank erfüllte die Luft, und wilder noch griff der Drache Wichard an.

Auf der anderen Seite hatte Lupold unbemerkt das Rückenende erreicht. Er schwang den Morgenstern. Die dornenbewehrte Kugel zerschmetterte einen der spitzen Höcker. Sofort rollte das Ungeheuer den Schwanz ein, ließ ihn wie eine gewaltige Peitschenschnur aufschnellen. Lupold blieb dicht an dem geschuppten Leib, ließ die Stachelkugel kreisen. Sein Hieb zermalmte den zweiten Höcker. Hin und her wischte der Schwanz, Lupold rannte, wartete, und mit einem Satz sprang er auf. Rittlings saß er in der freigehauenen Bresche, wurde mitgerissen, auf und ab geschleudert. Er hielt sich mit den Schenkeln, zückte das Schwert, senkrecht setzte er die Spitze an und stieß den Stahl bis zur Heftstange in das ungeschützte Fleisch. Gebrüll. Die Schnelligkeit des Schwanzes erlahmte, doch er bog sich ein, wand sich um den Körper des Ritters, langsam bohrten sich die Höcker in den Kettenpanzer. Lupold rang nach Luft, noch war die Kraft der Bestie nicht gebrochen, und mehr und mehr schnürte ihn der Würgegriff ein. Mit letztem Mut zog Lupold das Schwert wieder heraus, bohrte es noch einmal ins Fleisch.

Unterdes kämpfte Wichard gegen die Echsenköpfe. Die zweite Schlangenzunge hatte er abgeschlagen. In Stößen spie der Drache kochendes Blut. Wichard griff an, er ließ nicht nach. Jetzt schlug das Ungeheuer mit den blitzenden Krallen auf ihn ein. Gegen zwanzig Säbel zugleich musste sich der Junker wehren. Getroffen wankte er. Da hob der Drache die Echsenköpfe, holte zum letzten Schlag aus. Für einen Augenblick war der Leib ungeschützt, die Schuppen weit aufgefächert. Wichard brüllte und trieb das Schwert ins Herz des Ungeheuers.

Der Drache erstarrte. Aus den drei Rachen stöhnte er: »Gelre! Gelre!« und noch einmal »Gelre!« Dann schlug er zu Boden, fauchend blies er den Atem aus.

»Lupold!«, schrie Wichard. »Lupold!« Er fand den Bruder. Immer noch war er eingeschnürt. Erst nach wilden Hieben konnte ihn Wichard befreien.

»Haben wir gesiegt?«, stammelte Lupold.

»Nein! Noch lebt er.« Sie taumelten nach vorn, schwangen ihre Schwerter, mit gemeinsamer Kraft trennten sie die Echsenhälse vom Rumpf. Das Untier war tot.

Weinend sanken die Tapferen zu Boden, dankten dem Himmel für Kraft und Rettung. Furchtbares Reißen! Entsetzt starrten sie auf den Drachen. Aus dem klaffenden Leib quollen Köpfe, die abgehauenen Köpfe von mehr als dreißig Wikingern. Der Körper fiel in sich zusammen, schließlich lag die Schuppenhaut wie ein ausgeleerter riesiger Sack vor den Junkern.

»Wir haben den Kampf gewonnen«, sagte Wichard.

»Nicht wir allein«, sagte Lupold. »Gott hatte Erbarmen mit uns.« Sie wankten zu ihren Pferden zurück. Einer stützte den anderen.

Spät in der Nacht erreichten sie die Burg. Fackeln loderten im Zeltlager. Kaum achteten die erschöpften Ritter auf den Jubel der Leute. Otto von Pont erwartete seine Söhne vor der Zugbrücke.

»Mein Plan war gut, Vater«, murmelte Lupold.

Wichard bemühte sich zu lächeln. »Mit Verstand und Drauf und Dran. Nur so kann ein Drache getötet werden.«

»Für eure Mutter habt ihr gekämpft.« Der alte Mann straffte den Rücken. »Ich bin stolz.«

Lupold schüttelte den Kopf. »Nicht allein für unsere Mutter.« Er hob das schwer gezeichnete Gesicht. »Für unser Land und für alle, die mit uns leben.«

Da reckten die armen Leute den Rettern die Hände entgegen.

Schwäche übermannte Wichard und Lupold. Behutsam wurden sie auf das Lager gebettet. Fieber. Qualvolle Schmerzen. Über den Herbst und Winter rangen beide mit dem Tod. Erst zur Schneeschmelze waren die offenen Wunden verheilt. Wichard behielt nur Narben zurück. Doch dem älteren Bruder fiel das Atmen schwer. Das Stechen in der Brust ließ nicht nach.

An einem hellen Frühlingstag des Jahres 879 führte Otto von Pont seine Söhne hinaus. Zwar waren alle Zelte abgebrochen, doch heute hatte sich wieder das Volk aus den Gebieten jenseits der Grenze eingefunden.

»Ein neuer Drache?« Fahrig rieb Wichard das Kinn. Auch Lupold erbleichte.

»Nein. Ihr habt den Feind vernichtet.« Herr von Pont lächelte. »Sie warten auf euch.«

Das Haar der Kinder war mit Blumen geschmückt. Frauen und Höfler trugen den Sonntagskittel. Ein Bauer übernahm das Sprechen. »Kommt mit uns. Ihr habt uns befreit, jetzt wollen wir Euch dienen.« Er beugte das Knie. Zum Willkommen bot er den jungen Herren Brot und Salz.

Die Brüder zögerten. Otto von Pont nickte: »Alles ist längst vorbereitet.« Während seine Söhne schwerverletzt ans Lager gefesselt waren, hatte er König Ludwig das Begehren der Leute unterbreitet und die Ernennung erreicht. »Ihr seid die rechtmäßigen Vögte über das weite fruchtbare Land. Ihr seid nicht nur meine Söhne, sondern jetzt auch meine Nachbarn.«

»Mit Gottes Hilfe.« Dankbar nahm Lupold das Brot und das Salz. Ehe Wichard sich fasste, setzte der Vater hinzu: »Mehr noch. An der Stelle, an der ihr den Drachen besiegt habt, dort am Mispelbaum wird eure Burg errichtet.« Seit Wochen schon rollten Karren, hochbeladen mit Steinen, über die Grenze zum Ufer der Niers.

Voll Staunen sahen die Söhne auf den Vater. Neue Kraft hatte den alten Mann belebt. »Ich habe für euch entschieden.« Er runzelte die Stirn. »Nur eins fehlt noch. Burg und Land sollen einen guten, starken Namen erhalten, erst dann werden sich die Menschen zu Hause fühlen.«

Wichard war ratlos. Nach einer Weile sagte Lupold: »Mit dem Schrei: ‚Gelre!' hat der Drache uns alle in Angst und Schrecken versetzt. Doch wir haben ihn besiegt. ‚Gelre'. Dies Wort soll der Name sein. Denn in unserem Land werden fortan Menschen leben, die den Drachen nicht fürchten.«

Zwei Jahre regierten die Junker gemeinsam auf Burg Gelre. Als Lupold starb, weinte Wichard. Mispelzweige schmückten den Sarg. »Dein Plan war gut«, flüsterte er. Wichard gab an seine Söhne weiter, was er vom Bruder gelernt hatte.

Auch heute noch gibt es Menschen in Geldern, die erst den Verstand einsetzen, und nur wenn kein Ausweg bleibt, das Drauf und Dran wählen. Denn allein so ist der Drache zu besiegen.

Der Schwanenritter von Kleve

Stellst du die Frage doch,
so muss ich dich verlassen.

Die junge Gräfin Beatrix von Kleve weinte nicht mehr. Sie saß auf dem Altan der Burg zu Nimwegen. Unter ihr zog träge der Rhein dem offenen Meer entgegen. Dämmerung legte sich über die weite Landschaft. Mit dem Ende dieses ersten Gerichtstages war auch ihre letzte Hoffnung zerbrochen.

Der Stellvertreter des unmündigen Königs war heute selbst nach Nimwegen gekommen. Adel und Ritterschaft der umliegenden Länder und Lehnsgüter hatten sich versammelt. Klage und Streit durften dem Herrscher vorgetragen werden. Wie hatte Beatrix diesen Tag herbeigesehnt. Pippin II., Majordomus und mächtigster Fürst des Reiches, er sollte entscheiden.

Gleich nach dem Tod ihres Vaters erhob sein Bruder Roderick Anspruch auf das Klevische Land. Allein, Graf Dietrich hatte auf dem Sterbebett verfügt, dass seine Gemahlin und nach ihr seine Tochter das Erbe behalten und die Herrschaft weiterführen sollten.

»Keinem Weib steht diese Macht zu.« Den Schwager kümmerten weder Urkunde noch Vertrag. Er fiel in das Land ein, brandschatzte die Dörfer und verwüstete die Felder. Angst und Elend bestimmten den Alltag. Der Kummer zerbrach die Witwe. Nach ihrem raschen Tod glaubte sich Roderick schon als Sieger. Doch mutig widersetzte sich jetzt Beatrix, beugte sich nicht seinen Forderungen. Gegen die plündernden Horden vermochte auch sie nichts auszurichten. Ihre Vasallen waren der Übermacht unterlegen. Die Ritter wagten erst gar nicht, zum offenen Kampf anzutreten. In festem Glauben an ihr Recht schickte Beatrix Bittschrift nach Bittschrift zum Majordomus, und endlich erhielt sie Antwort. Ihre Klage sollte auf dem Gerichtstag entschieden werden. Beide Parteien waren vorgeladen.

Fanfarenklänge hatten am Morgen den Einzug des Fürsten in den geschmückten Saal begleitet. Der pelzverbrämte Mantel fiel in weichen Falten von den Schultern des mächtigen Herrn. Grußworte. Mit gebeugtem Knie huldigten die Edlen. Das gemeinsame Gebet. Kaum war die festliche Zeremonie beendet, als Pippin II. die Hand hob. Sein Herold stieß den Stab dreimal auf den gestampften Lehmboden. »Beatrix, Gräfin von Kleve!«

Sie trat vor den Richterstuhl. Sie spürte die Blicke der Versammlung, spürte das Wohlgefallen, mit dem der Fürst ihre schlanke, hochgewachsene Gestalt betrachtete. Doch sie versuchte, Gehör für ihre Sache zu finden, wollte nicht, dass die Männer nur gafften. Mit klarer Stimme führte sie ihre Klage. »Zu Recht bin ich die Erbin meiner Eltern«, schloss Beatrix und überreichte Pippin II. den letzten Willen des Vaters.

Zustimmendes Gemurmel ging durch die Reihen. Ihre Rede schien alle Anwesenden tief beeindruckt zu haben. Beatrix atmete auf. Als der Fürst ihr zulächelte, glaubte sie fest an ein gerechtes Urteil.

Breit baute sich Roderick neben der Klägerin vor dem Richterstuhl auf. Ein riesenhafter, bärtiger Mann. Er war ein ungeschlagener Kämpfer auf den Turnierplätzen. In vielen Schlachten hatte er sich seinem Herrscher bewiesen. Er war ein Sieger. »Gott weiß es: Ich verlange nichts Unrechtes. Mein Bruder ist tot. War er ein Erbgraf? Nein. Hat er einen männlichen Nachkommen? Nein. Deshalb trete ich an seine Stelle. Das Kleverland wird ein Teil meiner Besitzungen.« Verächtlich fuhr er fort: »Keinem Weib steht die Macht zu. Was soll aus dem Reich werden, wenn Frauen solch große Herrschaft an sich reißen?« Kälte glitzerte in den dunklen Augen. »Wer mir das Erbe streitig macht, der muss mir und meinem Heer zu jeder Zeit überlegen sein, denn ich werde nie auf meinen Anspruch verzichten.«

Beatrix wandte sich ihrem Oheim zu, doch der würdigte sie keines Blickes, gefasst sagte sie: »Ich habe keine Truppen, um gegen Euch anzutreten, das wisst Ihr.« Sein rohes Lachen polterte durch den Saal. Sie wandte sich an den Majordomus: »Nur Ihr, Herr, in Eurer Gnade, könnt mich und mein Land vor Gewalt und Unrecht bewahren. Ich will das Erbe meines Vaters erhalten. Nicht allein für mich, sondern für meine Kinder, die Gott mir irgendwann schenken wird.«

»Das Weib hat noch nicht einmal einen Gatten«, höhnte Roderick. »Und da spricht sie schon von Kindern.«

»Schweigt!«, herrschte ihn der Fürst an. Er richtete sich auf. »Von Gottes Gnaden bin ich zum Richter bestellt. Euer Streit muss jetzt und hier in Frieden geschlichtet werden. So hört das Urteil: Mein Vasall Roderick soll auf jeden Anspruch verzichten. Er soll überdies allen Schaden, den er dem Klevischen Land zugefügt hat, wiedergutmachen.«

Wärme und Erleichterung durchströmten Beatrix.

Neben ihr reckte Roderick das bärtige Kinn, er schlug die Faust an seine Brust. »Ich diene Euch, mein Fürst. Ich bin Euch sonst in allem gehorsam. Aber was bedeutet schon eine Urkunde. Pergament lässt sich geduldig beschreiben. Nein, das Erbe meines Bruders gehört in Wahrheit mir. Dafür stehe ich mit meinem Leben. Und wenn der Streit jetzt und hier entschieden werden muss, dann fordere ich den Entscheid durch einen Zweikampf. Die Gräfin soll einen Mutigen benennen. Jeder Gegner ist mir willkommen. Er und ich werden auf Leben und Tod streiten, dem Sieger fällt das Kleverland zu.«

Empörte Rufe. Flüche! Tumult hob sich in der Versammlung.

Beatrix wich zur Seite. Ihre Lippen bebten. Ein Zweikampf? Roderick war stark, ungeschlagen. Er war jetzt schon der Sieger. Angstvoll sah sie auf den Majordomus. Pippin II. stützte die Stirn in seine Hand. Nach einer Weile hob er den Kopf. Die Ritterschaft verstummte.

Mitfühlend sprach er zu Beatrix. »Der Beklagte ruft Gott zum Richter an. Ich muss seinem Wunsch entsprechen. Wählt Euch unter Euren Getreuen einen Tapferen, der für Euch diesen Kampf austrägt. Morgen zur Mittagsstunde soll der Streit entschieden werden.«

Und Beatrix rief ihre Getreuen, die Ritter und Dienstmannen. Im Hof der Burg schritt sie von einem zum nächsten. »Und du?«

»Und du?« Der hob bedauernd die Achseln, der schüttelte ängstlich den Kopf, der senkte den Blick. Sie fragte den Letzten: »Und du?«

»Graf Roderick kämpft besser als jeder im Land. Ich darf meine Frau nicht zur Witwe, meinen Sohn nicht zum Waisen machen.«

Mit Mühe hielt sich Beatrix aufrecht. »Ich zürne euch nicht. Jeder sorgt sich erst um sein persönliches Glück. Doch ich sorge mich um unser Klevisches Land und stehe allein. Geht jetzt.«

Erst oben im Gemach weinte Beatrix. Ihre Amme beugte sich zu ihr. Nicht nur Dienerin, längst war sie der Herrin zur Freundin geworden. »Wenn ich ein Mann wäre«, sagte sie drohend, »ich würde für Euch kämpfen, und wenn ich diesem Kerl nur mit einem Messer entgegentreten müsste.«

»Du bist tapferer als all meine Ritter. Nur, was nutzt uns Frauen ein mutiges Herz? Was nutzen Klugheit und Güte in einer Welt, die von Männern bestimmt wird?« Bitter fuhr sie fort: »Mein Fehler war, ich habe versucht, wie ein Mann mein Ziel zu erreichen. Und ich habe verloren.« Beatrix hatte ihre Tränen getrocknet. »So bleibt mir nur das Gebet. Wenn Gott mich erhört und doch einer aufsteht, der siegreich für mich streitet, dann werde ich alles tun, um dieses Land meinen Nachkommen zu sichern. Und ich bin bereit, das schwöre ich, mein Glück und mich selbst dafür hinzugeben.« Fest hatte sie die Hand der Amme gedrückt. »Ich danke dir. Ruh dich aus. Lass uns hoffen bis zum letzten Augenblick.«

Lange saß Beatrix an diesem Abend noch draußen. Sie weinte nicht mehr. Spät legte sie sich nieder. Kein Schlaf hob sie auf. Nach durchwachter Nacht kehrte sie bei der ersten Morgendämmerung zu ihrem Platz auf dem Altan zurück.

Weit im Osten färbte sich der Himmel. Unter ihr verhüllte Nebel den Fluss. »Wie still es ist«, flüsterte Beatrix und wünschte innig, dass doch die Zeit für sie stillstehen möge.

Träge lösten sich die grauen Schwaden vom Wasser, wurden lichter. Da bannte ein weißer Punkt ihren Blick. Er verschwamm, tauchte wieder auf. Schnell wuchs er jetzt. Kein Segel. Durch die Nebelschleier fuhr ein Schwan den Rhein herauf, verließ den Dunst. Das Licht der Morgensonne brach sich glitzernd am silbernen Zaumzeug, mit dem Hals und Brust gegürtet waren. An der gleißenden Kette zog er einen Kahn, führte ihn sicher durch die Wellen. Beatrix erhob sich. Der Schwan verließ die Mitte des Flusses, hielt auf das Ufer zu.

Die Wächter am Stadttor stießen ins Horn. Der Alarm rief die Bürger von Nimwegen.

Sie rannten zum Wasser, verharrten atemlos. Beatrix beschattete die Augen. Im Boot ruhte ausgestreckt ein Mann, den Kopf hatte er auf seinem Schild gebettet. Er schlief. Helm, Kettenpanzer und Schwert lagen neben ihm. Jetzt landete der Schwan, zog die Barke halb auf den steinigen Strand. Er bog den schlanken Hals zurück und stieß einen Schrei aus. Die Bürger und Ritter wichen zurück. Sein Ruf hatte den Schlafenden geweckt. Langsam richtete er sich auf. Das blonde Haar wallte ihm bis auf die Schultern. Er verließ das Schiff, stand da, ein junger, starker Mann. Das Jagdhorn aus Elfenbein umschloss er mit der rechten Faust. Auf dem

Ring an seiner Hand glitzerte ein heller Edelstein. Ohne das Volk zu beachten, hob er die Augen zur Burg, als sein Blick Beatrix an der Brüstung des Altan fand, lächelte er und verneigte sich.

»Wer bist du?«, flüsterte sie, dankte verwirrt mit einem Kopfnicken. Jetzt erst grüßte der Fremde die Räte und Ritter. Von ihrem Platz aus verstand Beatrix nicht, was er sagte, vernahm nur den Klang seiner Stimme.

Unten am Ufer löste sich das Staunen. Befehle. Rasch luden Knappen Rüstung, Schwert und Schild aus dem Kahn. Ruhig trat der Mann zu seinem weißgefiederten Führer. Klar und vernehmlich waren jetzt die Worte: »Lass mich hier, lieber Bruder. Erst wenn es an der Zeit ist und ich nach dir rufe, erst dann kehre zu mir zurück.«

Da glitt der Schwan ins Wasser, mit mächtigen Stößen zog er das Schiff, folgte der spiegelnden Sonnenstraße auf dem Rhein. Fast in der Mitte breitete er die Schwingen, kraftvoll war der Flügelschlag. Er hob sich aus den Wellen und entschwand mitsamt der Barke im gleißenden Licht.

Ehrfürchtig geleiteten die Vornehmen den Fremden durchs Tor in die Stadt.

Beatrix sah ihm nach. Erst als die Amme sie an die Zeit erinnerte, kehrte sie sich um. Mit einem Mal bedrohte sie wieder der Tag. Nur noch wenige Stunden und sie würde ihr Land verlieren. »Bring mir den Mantel aus grünem Samt, lege mir den feinsten Schmuck an.« Nicht als gebrochene Frau, festlich gekleidet wollte sie ihre Niederlage entgegennehmen.

Bis zum letzten Platz war die Halle gefüllt. Der Fürst hatte von der wundersamen Ankunft des Fremden erfahren.

»Mein Name ist Elias Grail, und ich komme von weit.«

Dies allein, dazu Benehmen und Gewandtheit seiner Rede waren Pippin genug, und so hatte er ihn gebeten, in den Reihen der Ritter als sein Gast am Gerichtstag teilzunehmen.

Der Herold stieß den Stab dreimal und kündete den Zweikampf an. »Die Gegner mögen vortreten.« Nur der Herausforderer kam zum Richterstuhl. Atemlose Stille. Nach einigem Zögern folgte Beatrix.

»Ich kämpfe nicht gegen ein Weib«, empörte sich Roderick.

»Schweigt!« Der Fürst sah Beatrix lange an. »Wo ist Euer Stellvertreter?«

»Niemand fand sich, der für mich in die Schranken geht«, antwortete sie mit unbewegter Miene.

Bedauernd hob Pippin II. die Hand und befahl seinem Herold fortzufahren.

»Zum letzten Mal befrage ich die versammelten Ritter und Dienstmannen. Gibt es einen unter Euch, der an der Gräfin statt sein Leben wagt?« Kaum wartete er. »Wenn nicht, so ist der Zweikampf …«

»Ich bin bereit!«

Alle Köpfe fuhren herum. Gelassen trat Elias Grail aus den Reihen der Ritter und stellte sich neben die Gräfin. Ehe sie sich fasste, sagte er: »Ich bin über das Wasser gekommen, um Euch Schwert und Arm zu bieten. Ich werde für Euch das Klevische Land verteidigen.« Damit führte er Beatrix beiseite, wollte keinen Dank, rasch kehrte er zum Richterstuhl zurück. »Wer es wagt, ihren Besitz anzutasten, der muss zuvor mich töten.«

Roderick stierte auf den Fremden herab, schnaubte: »Was hast du hier zu schaffen? Ich kenne Kerle wie dich. Kein Edelmut, die Gier steht dir auf der Stirn geschrieben. Ein streunender Köter, mal hier, mal dort und immer bereit, nach einem fetten Brocken zu schnappen.«

Wortlos ließ Elias die Beleidigungen über sich ergehen. Sein Schweigen steigerte die Wut des riesenhaften Gegners. »Glaub nur nicht, dass mich deine sonderbare Ankunft mit dem Schwan erschreckt hat. Wer weiß, wo du den Vogel herhast. Betrug oder Zauber? Ganz gleich, ich bin kein Feigling, ich werde dich in den Boden stampfen.«

Elias reckte das Kinn: »Zauber? Betrug? Ihr wagt es, meine Ritterehre zu beschmutzen! Nun hab ich doppelten Grund, gegen Euch anzutreten.«

Der Herold stellte sich zwischen die beiden. »Genug, Ihr Herren. Rüstet Euch für den Zweikampf. Zur Mittagsstunde erwarten wir Euch draußen auf dem Rasen.«

Unterstützt von den Getreuen der Gräfin legte Elias das knielange Kettenhemd an. Ein Pferd? Nur zu gern bot jeder anwesende Ritter aus dem Kleverland sein bestes Ross. War doch der Fremde bereit, ihre Pflicht zu übernehmen. Sie verloren lieber ein Pferd als das Leben.

Umsichtig wählte Elias, schließlich entschied er sich für einen kräftigen Schimmel mit breiter Brust.

Kein überflüssiges Wort kam über seine Lippen. Er nahm den Helm, verziert mit aufgeschmiedetem Hals und Kopf eines Schwans, er gürtete sich mit dem vergoldeten Schwert. So bestieg er den Schimmel. »Meinen Schild.« Ruhig streifte er den Gurt über die Schulter und fasste mit der Linken die Schlaufe. Das schwere Holzblatt war mit Leder verstärkt, im silbernen Innenschild prangten aufgefächert acht goldene Zepter, gefasst von einem Smaragd. Er stülpte den Handschuh über seine Rechte und ließ sich die Lanze reichen.

Elias war gerüstet.

Die Sonne stand hoch im stahlblauen Himmel. Umgeben von seinen Beratern hatte sich der Fürst dicht vor dem holzumzäunten Kampffeld niedergelassen. Ganz in seiner Nähe saß Beatrix, aufrecht, die Hände im Schoß gefaltet. Ihr Gesicht war bleich. Längs der drei übrigen Seiten standen die Edlen, Ritter und Dienstmannen. Hinter ihnen drängten sich die Bürger von Nimwegen. Väter trugen ihre Kinder auf den Schultern. Niemand wollte das Schauspiel verpassen.

Zuerst ritt Graf Roderick in die Schranken. Sein schwarzer Hengst schnaubte. Sofort erstarb das Schwatzen und Lärmen der Menge. Vom Helm des Hünen wehte ein Federbusch. Das Eisenhemd schimmerte matt. Aus der Mitte des grün und weißen Schilds starrte das Auge eines Adlers.

Von der Gegenseite lenkte Elias Grail sein Pferd auf den Rasen. Hinter ihm schlossen die Getreuen des Kleverlands die Balken.

Mit lauter Stimme verkündete der Herold, aus welchem Grund sich die Ritter eingefunden hatten, und endete: »Kampf bis zum Tod. Erst dann ist der Streit entschieden.«

Fanfarenstöße. Die Ritter legten die Lanzen ein. Im jähen Galopp preschten sie los, die Lanzen prallten gegen die Schilde. Beide Reiter wankten, hielten sich auf den Satteldecken. Gleich rissen sie ihre Gäule herum, und wieder stürmten sie aufeinander zu. Elias zielte zum Hals des Gegners, der schlug die todbringende Spitze zur Seite, gleichzeitig krachte seine Lanze genau in die Mitte des Schilds, zersplitterte am großen Smaragd. Holzstücke und Späne wirbelten hoch. Nur noch den Stumpf der Waffe hielt Graf Roderick in der Faust. Weit schleuderte er ihn von sich und stieg ab. Schon riss er das Schwert aus der Scheide.

Elias griff den Gegner nicht länger zu Pferd an. Auch er warf die Lanze zur Seite und glitt vom Rücken des Schimmels. Doch ehe er sein Schwert gezückt hatte, war der Riese bei ihm. Der furchtbare Hieb traf den Brustpanzer, zerschlug die Kettenringe, drang bis ins Fleisch. Elias wurde zurückgeschleudert. Den zweiten Angriff wehrte er mit dem Schild ab. Er strauchelte, fiel auf die Knie, schützte sich verzweifelt. Und Schlag um Schlag drang Graf Roderick heftiger auf ihn ein.

Beatrix verbarg das Gesicht, tonlos flehte sie: »Gott hilf. Steh ihm bei.«

Schon schwang der Riese siegesgewiss die schwere Waffe zum letzten Hieb weit über dem Helm zurück. Dieser Moment genügte. Elias wich zur Seite. Dicht neben ihm fuhr die breite Klinge in den Boden. Elias war auf den Füßen und riss sein Schwert aus der Scheide. Der vergoldete Stahl blitzte, Funken stoben. Die Männer umlauerten sich, hieben und stachen aufeinander ein.

Mehr als eine Stunde tobte der Kampf zwischen dem Hünen und dem wendigen jungen Schwanenritter. Sie keuchten, schrien. Längst war der Rasen aufgewühlt. Da traf Elias den Schildarm des Gegners hoch an der Schulter. Blut färbte den Kettenpanzer.

Das Wutgeheul des Riesen entsetzte die Zuschauer. Wuchtiger wurde sein Angriff, unbedachter. Blindlings stampfte er vorwärts. Elias wartete. Auf Schwertlänge kam Roderick heran, stampfte weiter. Jetzt sprang Elias zwei Schritt zur Seite, schwang die Waffe, führte den Schlag waagerecht, das scharfe Blatt durchtrennte dicht unter dem Helmschutz den Hals des Gegners. Der Kopf fiel. Blut sprang aus dem Rumpf. Der schwere Leib schlug krachend zu Boden.

Die Menge stöhnte. Beatrix ließ die Hände sinken. Vor ihr auf dem Kampfplatz wankte Elias. Nur mühsam gelang es ihm, den Schwanenhelm abzusetzen. Die Haare strähnig, das Gesicht schweißüberströmt, sein erster Blick galt ihr.

»Sieg«, murmelte Beatrix und konnte es nicht fassen.

Fanfarenstöße. »Der Streit ist entschieden«, verkündete der Herold.

Pippin II. bekräftigte das Urteil: »Mit allen Rechten und Pflichten ist Gräfin Beatrix die Erbin des Klevischen Landes.« Er wandte sich an den erschöpften Sieger. »Niemals zuvor habe ich einen Mann so kämpfen sehen. Doch Ihr habt mir heute einen treuen Vasallen genommen. Ich hoffe, dass Ihr mir an seiner statt von nun an Gefolgschaft und Gehorsam nicht verweigert.«

Elias zögerte. Atemlos warteten die Edlen und Ritter auf seine Antwort. Keiner wollte diesen kühnen Mann zum Gegner haben. Wäre er einer der Ihren, erst dann fühlten sie sich sicher. Unverwandt blickte Beatrix ihren Retter an. »Ja, bleib«, wünschte ihr Herz.

Elias beugte das Knie vor dem Majordomus. »Solange ich in diesem Land verweile, werde ich Euer getreuer Verbündeter sein.«

Jubel der Menge. Aufatmen in der Ritterschaft. Mit befriedigter Miene beendete Pippin II. den Gerichtstag zu Nimwegen.

Elias Grail war gezeichnet vom Kampf, die breite offene Wunde an der Brust nahm ihm den Atem. Beatrix brachte ihn auf ihre Klevische Burg, ließ die besten Ärzte kommen, sie selbst übernahm seine Pflege und wachte am Krankenlager. Nach Wochen war er auf dem Weg der Besserung. Auch jetzt sprach Elias nicht viel, doch längst fühlte sich Beatrix dem wortkargen Mann verbunden. Sie fürchtete den Moment, wenn er wieder im vollen Besitz seiner Kräfte war. Was würde er tun? Wohin würde er gehen? Ehe er einen Entschluss fasste, musste sie handeln. »Bleib, Elias. Ich biete dir alles, was ich besitze. Werde mein Gemahl und Herrscher über das Kleverland.«

»Nein«, wehrte er ab. »Erniedrige dich nicht aus Dankbarkeit. Ich bin geschickt worden, dir zu helfen, so war es vorbestimmt. Ich will keinen Reichtum, keine Frau zum Lohn.«

»Wie wenig du mich kennst.« Ernst sah sie ihn an. »Ich kann dir viele kluge Gründe nennen, doch der wertvollste macht mir den Entschluss doppelt leicht.« Ihr Blick wurde weich. »Mein Herz wünscht es so sehr. Selbst wenn ich nur für einen Moment aus dem Zimmer gehe, schmerzt mich die Trennung von dir, und ich kehre schnell zurück.«

Elias lächelte. »Danke.« Er bedeckte ihre Hände mit Küssen. »Ja.« Wiederholte es oft. »Ja. Ich will meine lange Reise mit dir beenden.«

Bald waren alle Vorbereitungen getroffen. Am Abend vor der Hochzeit standen sie am Ufer des Rheins beieinander. Lange blickte der Schwanenritter über das Wasser. »Meine Liebe zu dir hält die Zeit an. Nur eins kann unser Glück zerstören.« Er fasste ihre Hand. »Niemals darfst du nach meiner Herkunft fragen, welchem Geschlecht ich entstamme, oder wer mich geschickt hat. Ich bin Elias Grail, der von einem Schwan ans Ufer gebracht wurde. Dies muss dir genügen.« Beschwörend fuhr er fort. »Stellst du die Frage doch, so muss ich dich verlassen, und nichts kann mich zurückhalten.«

Ihre Augen wurden dunkel, sie lächelte. »Was kümmert mich das Woher? Ich bin eine Frau, die liebt. Anfangen möchte ich mit dir. Unsere Zukunft, sie bedeutet mir alles.«

Welch ein Fest. Zur Hochzeit läuteten alle Glocken im Land. Blumenkränze. Gäste. Spielleute und Tanz.

Im Jahr darauf gebar Beatrix ihren ersten Sohn. Stolz tauften sie ihn auf den Namen Derick. Das Glück schenkte dem Paar noch zwei weitere Söhne: Godart und Konrad. Und während ihr Gemahl für den neuen Majordomus, Karl Martell, in die Schlacht ritt, siegreich zurückkehrte und wieder seinem Herrn Gefolgschaft gegen den Feind leisten musste, zog sie die Kinder auf, lehrte sie Stolz, Klugheit und Nachsicht. Nie vergaß Beatrix ihr Ziel. Sie wollte das Land für immer ihren Nachkommen sichern. Selbst wenn dem Erstgeborenen dereinst nur eine Tochter beschieden war. Niemand durfte dem Mädchen je das Erbe entreißen können. So forderte Beatrix von Karl Martell den schuldigen Dank, der ihrem Gemahl durch seine Vasallentreue zustand. Der kühne Majordomus zögerte nicht. Seine Bitte war Befehl, und so ernannte der König den Schwanenritter Elias Grail zum ersten Erbgrafen des Kleverlandes.

»Mit dir ist mein Glück vollkommen.« Im Schlafgemach schmiegte sie sich eng in seinen Arm.

Die Söhne wuchsen zu starken jungen Männern heran. Vom Vater erlernten sie den Umgang mit Schwert und Lanze. Bald waren sie auf den Turnierplätzen zu Hause, erfochten ihre ersten Siege. Jedoch keine strahlenden Sieger kehrten auf die Burg zurück. Bedrückt mieden sie die Gesellschaft des Vaters.

Beatrix stellte ihren ältesten Sohn zur Rede.

»Sie verachten uns. Reden hinter unserm Rücken. Selbst wenn ich einen Gegner im fairen Kampf besiegt habe, verhöhnt er mich.«

»Warum?« Zornig ballte sie die Faust. Keiner durfte es wagen, ihre Kinder zu verspotten. »Warum? Antworte!« Erst nach heftigem Drängen gestand Derick der Mutter: »Sie sagen: Wessen Sohn bist du denn schon? Von wem stammst du ab? Du bist nichts als eine Frucht von einem namenlosen Baum.« Bitter seufzte er: »Jeder Stallknecht kennt seinen Vater, seinen Großvater. Jeder Bauer ist stolz auf seine Herkunft. Aber meine Brüder und ich? Wir wissen nichts. Warum dürfen wir nicht wie die anderen Junker mit hocherhobenem Kopf den Namen unserer Familie tragen?«

»Du hast einen starken, tapferen Vater.« Alles Blut war Beatrix aus dem Gesicht gewichen. »Und ich kenne keinen Mann, der ihn an Würde und Edelmut übertrifft.«

»Das genügt mir nicht länger«, begehrte er auf. »Godart und Konrad denken ebenso.«

»Still, Junge!«

»Nein, Mutter. Oder verbirgt dein Gemahl etwas Unehrenhaftes? Warum sonst darfst du ihn nicht fragen?«

»Ich verbiete dir, so zu sprechen.« Flehend blickte sie den Sohn an. Der Trotz blieb in seiner Stimme. »Vater hat nicht das Recht, durch sein Schweigen mir und meinen Brüdern die Ehre zu nehmen, uns dem Gespött auszuliefern. Er muss endlich Antwort geben.«

»Du weißt, was die Frage für mich bedeutet?«

Mit der Grausamkeit der Jugend fuhr Derick selbstsüchtig fort: »Ich dachte, du liebst deine Kinder über alles. Versteh doch, Mutter. Es geht um meine Zukunft. Wie kann ich je eine standesgemäße Frau finden, wenn ich über meinen Vater nur weiß, dass er mit einem Schwan hergekommen ist.«

»Geh jetzt«, bat Beatrix. Kaum hatte er das Zimmer verlassen, verbarg sie das Gesicht in den Händen, sie versuchte die aufgewühlten Gedanken zu ordnen. Beatrix sehnte sich nach Beistand. Zum ersten Mal in ihrer Ehe durfte sie Elias nicht um Rat bitten. Und ihre Amme und treue Freundin war im letzten Jahr gestorben. Nie hatte sie ihren Verlust so heftig empfunden wie jetzt.

Als Elias in der Nacht zu ihr kam, wollte sie ihn umarmen, doch da hörte sie wieder den Satz ihres Sohnes. »Ich dachte, du liebst deine Kinder über alles.« Weinend wandte sie sich von Elias ab.

»Was bedrückt dich?« Seine Stimme war sanft.

»Lass mich. Morgen geht es mir wieder besser.«

Schweigend lagen sie nebeneinander.

Am nächsten Abend nahm er ihre Hände. »Sie sind kalt«, sagte er besorgt.

Beatrix versuchte zu lächeln, aber sie konnte sich nicht von dem Gedanken befreien: »Oder verbirgt dein Gemahl etwas Unehrenhaftes?« Dieser Vorwurf des Sohnes nistete in ihrem Kopf, sie schämte sich und war zornig zugleich. Derick hatte unrecht, das wusste sie. Aber warum hütete Elias das Geheimnis seiner Herkunft? Selbst vor ihr, seiner Frau? Wie leicht könnte er mit einer einzigen Antwort alle Sorgen zerstreuen. Sie entzog ihm ihre Hände.

»Hab ich dich verärgert?«

Heftig schüttelte Beatrix den Kopf. »Bitte, Liebster, frage nicht.«

Da verließ er das Lager. Sie hielt ihn nicht zurück. Mit tiefem Schmerz fühlte sie das sichere Band zerspringen. Wieder weinte sie. Was bedeutete eine Liebe ohne Vertrauen? Beatrix sah nur die dunklen Umrisse seiner Gestalt. Ach, Liebster, ich habe dich schon jetzt verloren. Bis zum Morgen stand er unbeweglich am Fenster und starrte in die Nacht.

Den Tag über hielt sich Beatrix von ihm fern. Sie hing den schweren Gedanken nach. Wie soll ich eine standesgemäße Frau finden, hatte Derick geklagt, wenn ich über meinen Vater nur weiß, dass er mit einem Schwan hergekommen ist? Am Abend war Beatrix fest entschlossen, alles für ihre Söhne und deren Ansehen zu tun, sie war bereit, ihr Glück und sich selbst dafür in die Waagschale zu werfen.

In der Nacht lag sie noch einmal in seinen starken Armen. Dann stellte Beatrix die Frage.

Der Schwanenritter sah sie voll Trauer an. »Mit diesem Augenblick zerrinnt unsere Zeit.« Er stand vom Lager auf. »Morgen in aller Frühe erwarte ich dich in Begleitung unserer Söhne und aller Dienstmannen am Ufer des Rheins. Ja, ich werde Antwort geben.«

»Bitte, bleib.« Jäh befiel Beatrix die Angst vor dem Alleinsein. Sie wollte erklären, rückgängig machen, den Geliebten festhalten.

Zu spät. Elias hatte das Schlafgemach bereits verlassen.

Im Osten färbte sich der Himmel. Nebel lag über dem Fluss.

Voll gerüstet erwartete der Schwanenritter seine Familie und die Getreuen. Er bat den Erstgeborenen zu sich. »Nach mir sollst du der neue Erbgraf des Kleverlandes werden. Doch vergiss nie, welches Opfer deine Mutter für dich brachte.« Damit überreichte er Derick den Schild und das vergoldete Schwert.

Godart kniete nieder. Ihm gab er das Horn aus Elfenbein. Seinem jüngsten Sohn streifte er den glitzernden Edelstein auf den Finger. »Vertraut eurer Mutter. Ich weiß, sie wird nicht eher ruhen, bis sie für jeden von euch eine standesgemäße Braut gefunden hat. Zu eurem Glück und zum Wohle unseres Geschlechts.«

Elias nahm den Helm ab. Er trat vor sie hin. »Jetzt schon möchte ich Abschied nehmen, möchte dir danken für Wärme und Glück, die ich mit dir erleben durfte. Denn nach der Antwort wirst du meine Sprache nicht mehr verstehen. Ich werde für dich stumm sein.«

Beatrix suchte seine Augen, hielt den Blick fest. »Gott weiß, nie werde ich einen Mann so lieben können, wie ich dich geliebt habe. Lebe wohl, Elias.«

Seine Stimme wurde hart. »Ich bin Ritter des Heiligen Gral. Ausgeschickt vom höchsten Hüter vor vielen Jahren. Hierher gesandt, um Unrecht und Not zu verhindern, wie es meine Pflicht war.«

Ein fremdes Licht strahlte in seinen Augen auf. Er wandte sich um. Die Nebelschwaden hoben sich träge vom Wasser, wurden lichter. Erst war es ein weißer Punkt. Er verschwamm, tauchte wieder auf. Durch die hellen Schleier fuhr der Schwan den Rhein herauf, schnell verließ er den Dunst. An seiner silbernen Kette zog er den Kahn durch die Wellen, erreichte sicher das Ufer. Elias bestieg das Schiff. Sogleich glitt der Schwan zurück. Mit mächtigen Stößen folgte er der spiegelnden Sonnenstraße. In der Mitte des Rheins breitete er die Schwingen, hob sich aus dem Wasser und entschwand mit der Barke im gleißenden Licht. Derick wollte die Mutter stützen. Verloren wehrte Beatrix ab. »Lass nur, mein Sohn.« Sie richtete sich auf und kehrte allein zur Burg zurück.

Der Untergang des Zwergenvolkes

Prolog

Machtvolle Weltreiche gab es, sie blühten auf und sind verdorrt. Völker herrschten jahrhundertelang, auch sie sind nicht mehr. Ihre Geschichte wurde gründlich erforscht, Antworten wurden gefunden.

Im Dunkel verborgen indes liegt der Untergang des Zwergenvolkes am Niederrhein. Die Spur seines tragischen Endes führt vom Hülserberg nach Krefeld. Manchmal, wenn vor einem Gewitter die Luft über der Stadt stehen bleibt, beginnt der klagende Singsang von irgendwoher: »Op de See es groote Noth, es enn …« Der jähe Sturm übertönt den Rest.

Was war geschehen? Gibt es eine Antwort?

Mit geschlossenen Lidern lässt es sich oft klarer sehen. Bilder tauchen auf.

Begonnen hatte alles ungezählte tausend Jahre früher …

Das Riesenwerk

Vielleicht bin ich so klein,
wie ich mich sehe.

Der Schnee schmolz. Nebenflüsse schwollen an, ergossen sich tosend in den Rhein. Die Wasserfluten wälzten Schlamm und Geröll aus den Alpen und überschwemmten das Rheintal bis in die Ebene, bis zum Meer.

»Das muss aufhören«, grollte der Riesenkönig, während sein Koch die Schüsseln mit gebratenen Ochsen auftrug. »Ich bin es leid, mir jeden Frühling nasse Füße zu holen.« König Och blickte fordernd in die Tafelrunde. »Schluss damit! Beim nächsten Mal fließt der Rhein in einem tiefen, ordentlichen Bett.«

Die adeligen Riesen senkten die mähnigen Köpfe über den Tisch. Niemand wollte gemeint sein. Köstlich war der Bratenduft. Essen und Schlafen, so lebte es sich gut bei Hofe. Keiner aus der vornehmen Versammlung verspürte Lust, auch nur den kleinen Finger zu beschmutzen. Eine Riesenwoche dauerte vier Tage: Frühling, Sommer, Herbst und Winter. Und selbst wenn die Arbeit gut voranging, drei Tage würde es schon brauchen, das Rheintal aufzugraben. Nein, Plagen und Schuften waren etwas für die Riesen-Dummköpfe, die immer noch nackt bis auf den Laubgürtel im Wald oder auf einem Berg hausten.

»Niemand freiwillig?« Der König wartete nicht länger. »Also gut. Die ehrenvolle Aufgabe übernehmen Graf Hackeran, Graf Drago und …« Mit dem Spieß deutete er auf den wuchtigen Riesen und seinen Sohn am Ende der Tafel. »Und Ihr, Graf Eisch. Nehmt Euren Sprössling mit. Ich denke, es wird Zeit, dass er endlich zeigt, ob etwas in ihm steckt.«

»Aber, Majestät!« Riese Eisch bemühte sich um Fassung. »Gut, ich leiste Gehorsam. Aber seht Euch meinen Hildemar an. Zurückgeblieben ist er, schmächtig. Ich fürchte, er taugt zu nichts. Und warum? Weil seine Mutter …«

»Aber, Vater! Bitte nicht.« Der Junker reckte das Kinn. Nicht wieder diese Geschichte. Früh war die Gräfin gestorben. Ein Riesenkind jedoch musste dreimal sieben Jahre an der Mutterbrust liegen. Hildemar war es nicht vergönnt gewesen. So war er klein geblieben, viel zu kurz für einen Riesen. Sein Verstand jedoch überragte viele von ihnen. »Aber, ich kann …«

»Schluss mit dem Aber!«, fuhr König Och dazwischen. »Ich habe entschieden.« Damit stopfte er sich einen knusprigen Ochsen in den Mund. Sofort langte die adelige Riesenrunde zu. Zufrieden kauten die meisten, allein den Ausgewählten schmeckte es heute nicht.

Im späten Frühlingsnachmittag brachen die drei Grafen und der Junker auf. Angetan mit Fellschurz, Holzschuhen, den Spaten über der Schulter. Hildemar hatte sich noch den Kamm aus Wildschweinrippen in den Gürtel gesteckt. Der Vater sah es, schüttelte verächtlich den Kopf, sagte aber nichts.

Sie wateten im Wasser, gruben tief. Drago und Hackeran verrichteten die Vorarbeit, sie bestimmten den Flusslauf, schwungvoll warfen sie Felsbrocken nach rechts und links. Graf Eisch musste mit Rücksicht auf seinen langsamen Sohn hinterhergehen. Die beiden schaufelten den Schlamm aus dem Rheinbett und häufelten ihn über das steinige Ufer.

Der dritte Tag brach an. Kalt war es geworden. Gegen Wintermittag stützten sich Drago und Hackeran auf die Spatenstiele. Sie warteten, bis Graf Eisch und Hildemar nachgekommen waren.

»Das reicht, mein ich.« Hackeran zeigte zurück. Von den Alpen bis hierher strömte der Rhein in einem tiefen Bett. Nicht akkurat, nicht besonders gradlinig. Zu ungeschickt war die Arbeit den Adelsriesen von der Hand gegangen.

»Mir gefällt es.« Drago hob den Spaten und schlug das Blatt abwechselnd an seine Holzschuhe. Große Lehm- und Steinbrocken fielen herab. Auch Hackeran, Eisch und Hildemar reinigten ihr Werkzeug. Als es sauber war, häufte sich rechts des Ufers eine Hügelkette. Hildemar zählte. »Sieben.« Er lachte. »Da liegt jetzt das Siebengebirge.«

»Dir wird das Zählen noch vergehen, mein Sohn«, schimpfte der Vater. Da schwieg Hildemar.

Sie waren das Schuften leid. Durch die Ebene bis zum Meer wollten sie ihre Spaten einfach hinter sich herziehen, die Furche sollte genügen. Sie schafften es nicht bis zum Winterabend. Auf halbem Weg ruhten sie aus, hockten links des Rheinufers am etwas entfernt gelegenen Hülserbruch beieinander. Müde leerten sie allen Sand aus den Holzschuhen. »Seht euch diesen Haufen an«, brummte Graf Eisch. »Drecksarbeit. Morgen sind wir fertig. Bin froh, wenn wir endlich wieder bei Hofe sind.«

Drago und Hackeran leckten sich die Lippen. Beide dachten an gebratene Ochsen und Tonnen randvoll mit kühlem Bier. Hildemar hatte den Kopf auf die Knie gelegt, er war eingeschlafen.

Als er aufwachte, waren die Grafen längst abmarschbereit. Breitbeinig stand der Vater über seinem Sohn.

»Ich bin so weit«, beeilte sich der Junker. Er sprang auf, gleich verzog er das Gesicht. »Nein. Wartet noch.« Umständlich setzte er sich wieder und zog den rechten Holzschuh aus. »Irgendwas steckt noch zwischen meinen Zehen.«

Drago und Hackeran blickten zum Himmel und seufzten. Da stieg Graf Eisch die Zornröte ins Gesicht. »Geht schon voraus«, bat er mühsam beherrscht seine adeligen Freunde. Kaum war er mit dem Sohn allein, schrie er: »Das Maß ist voll! Von heute an wirst du lernen, auf eigenen Füßen zu stehen. Klein bist du, aber alt genug, also schlag dich ohne mich durch. Erst wenn du ein echter Riese geworden bist, will ich dich wiedersehen. Erst dann bist du wieder mein Sohn.«

»Aber, Vater …«

»Kein Aber mehr.« Graf Eisch wandte sich ab und stampfte hinter den Freunden her. Nachlaufen nutzte nichts, das wusste Hildemar. Streng war das Riesengesetz. Für den Vater gab es nur Ja und Nein, nichts dazwischen. »Ich schaff es auch allein«, flüsterte der Junker, während er die Zehen auseinanderbog. Ein Steinchen. Er klaubte es heraus und warf es auf den Sandhaufen.

Im Vormittag schwoll der Rhein an, stieg aber nicht über die Ufer. Hildemar stand auf. Nachdenklich zog er den Wildschweinkamm durchs Haar, dabei betrachtete er seine Gestalt drüben im Spiegel des Flusses. »Ich bin zwar zu kurz geraten. Aber so von hier sehe ich wirklich übertrieben winzig aus.«

Er wandte sich um. Sein Herz stockte. Der Sandhaufen war ein Berg. Das Steinchen, das er zwischen den Zehen hatte, es war jetzt ein riesiger Felsbrock. Verwirrt ließ er die Wildschweinrippen fallen. Als Kamm taugten sie nicht mehr. »Was ist mit mir?« Hildemar sah wieder zum Rhein. Weit in der Ferne entdeckte er das Ufer. Der Junker hastete durch den Hülserbruch. Waren die Sträucher gewachsen? Warum ragten die Bäume mit einem Mal bis in den Himmel? Er rannte, stolperte über Wurzeln, endlich erreichte er das Wasser. Atemlos starrte er auf sein Spiegelbild. Körper und alle Glieder schienen geschrumpft, der Kopf nur ein wenig, die Nase kaum. »Vielleicht bin ich so klein, wie ich mich sehe.« Da setzte er sich und weinte, bis er einschlief. Am nächsten Morgen brach nicht der Sommer, der zweite Riesenwochentag, an. Es war immer noch frischer Frühling. »Alles ist für mich größer geworden«, stellte er nüchtern fest. Kein Zweifel mehr. Hildemar hatte Verstand, und so fügte er sich. »Also bin ich ein Zwerg. Auch gut. Daran werde ich mich schon gewöhnen.«

Er kehrte zum Hülserbruch zurück und begutachtete den Berg. »Dich nenne ich Hülserberg, und tief in dir drin werde ich mich einrichten und von heute an wohnen.«

Er griff nach dem großen Spaten, hob ihn mühelos auf. Seine Stärke war ihm geblieben. Nur kurz staunte er, dann fiel ihm ein, dass Riesen und Zwerge, bis auf wenige Ausnahmen, die gleichen Kräfte besaßen. Dennoch, das Werkzeug war zu klobig für die Feinarbeit. Hildemar schlug Feuer. Aus der linken Ecke des dicken Eisenblatts schmolz er sich einen Hammer. Hiernach schmiedete er Schaufel, Hacke und alle Gerätschaften, die er zum Leben benötigte. Nahrung fand er genug, und seinen Durst stillte er mit klarem Rheinwasser.

Hildemar trieb eine enge Höhle in den Hülserberg. Im Innern schaffte er Raum. Hinter der Küche entstanden das Wohnzimmer, die Schlafkammer. Seine Arbeit füllte ihn aus, bereitete ihm mehr Freude, als das Rheinbett auszuheben, und so grub er neben der ersten Wohnung eine zweite, eine dritte, bald waren es viele. Er baute Steintreppen tiefer in die Erde. Um großzügige Plätze richtete er Gemächer, sogar Säle ein, bald war ein weitverzweigtes, prächtiges Wohnreich entstanden.

Wie lange er gearbeitet hatte, wusste Hildemar nicht, doch schließlich fühlte er die Müdigkeit in allen Gliedern. Mit einem Strauch tarnte er den Höhlenausgang, schlurfte durch die verästelten Gänge und streckte sich auf seinem Lager aus.

Wenn Zwerge wirklich schlafen, dann liegen sie da, mehr als hundert, oft sogar länger noch als einige tausend Jahre. Wen kümmert es?

Auf Zwergensuche

Nehmt Sach und Pack.
Zieht um in den Hülserberg.

Die Erdmännchen von Wachtendonk

Als Hildemar aus seinem Tiefschlaf erwachte, streckte er sich, zündete die Laterne an und wanderte durch die vielen Wohnungen, zählte sie voll Stolz, ordnete hier und da. Er zwängte sich durch die Höhle hinaus ins Freie. Während der langen Zeit war der Hülserberg mit Sträuchern und Bäumen bewachsen. Blumen blühten. Immer noch lag der große Felsbrocken an derselben Stelle. Alles schien gut.

Von einem Herzschlag zum anderen befiel Hildemar Unruhe. Er kehrte ins Innere zurück. Treppauf, treppab. Mitten auf den unterirdischen Platz hockte er sich hin. Die Stille quälte ihn. Was nutzten all die hergerichteten Räume seines Reiches, wenn sie nicht mit Leben erfüllt waren? »Ich bin allein«, stellte er fest. »So darf es nicht bleiben.« Nach einigen tiefen Seufzern glättete sich die tiefe Stirnfalte. »Ich werde Zwerge suchen. Vielleicht …«

Mehr Zeit gab er sich nicht. Den Proviantbeutel geschultert wanderte er nach Westen.

Hildemar staunte, als er an der Stadt Kempen vorbeikam. »Diese Menschen verstehn's. Nicht allein, sie wohnen dicht beieinander.«

Zwerge erkennen sich meilenweit am Schritt. Bei Wachtendonk drehte Hildemar den Kopf.

Ganz deutlich vernahm er ein wackeliges Trippeln. Er setzte sich an die Kreuzung und wartete. Nach einer Stunde humpelte ein Erdmännchen heran. »Nimm mich mit«, bat Hildemar, »ganz gleich, wo du hingehst.«

Misstrauisch wurde er beäugt. »Wer bist du?«

»Ein Zwerg. Was sonst?«

Der Kleine wiegte den Kopf. »Ich weiß nicht. Für einen Menschen bist du zwar zu kurz. Doch niemand von uns ist so groß wie du.«

Hildemar spürte einen Stich in der Brust. Erst kein Riese, jetzt kein Zwerg, selbst für einen Menschen reichte es nicht, nirgendwo passte er hin.

Ehe das Mitleid den Verstand umnebelte, befahl er sich: So ist es eben, gewöhn dich dran. Er schnippte die Finger. »Ich bin der Sohn eines Grafen, deshalb bin ich etwas länger.«

»Verstehe.« Die Erklärung genügte dem Erdmännchen. »Komm mit. Ich bring dich zu meinen Leuten.«

In Wachtendonk lebten die Erdmännchen unter dem Rathaus. Bis auf eine große Halle waren ihre Behausungen eng. Hildemar musste stets den Kopf einziehen, wenn er eine der Stuben betrat. Freundlich hatten sie ihn aufgenommen. Als die Kleinen erfuhren, dass er ein Grafensohn war, behandelten sie den Gast mit Hochachtung.

Gut hatten es die Erdmännchen. Sie lebten vom Leihgeschäft. Tagsüber stellten sie den Wachtendonkern ihren großen, sorgfältig gehämmerten Kupferkessel zur Verfügung. Des Abends holten sie ihn vor dem Rathaus wieder ab. Stets war er blankgescheuert, stets lag genügend Weißbrot im Kessel. Keins der Erdmännchen litt Hunger. Sie teilten mit Hildemar, auch er wurde satt.

Nie vergaß er seinen Plan. Doch vom Hülserberg, von den schönen geräumigen Wohnungen hatte er bis jetzt nichts erzählt. Er war klug genug. Solange das Nebeneinander mit den Menschen friedvoll verlief, gab es keinen Grund. Ja, die Bürger von Wachtendonk bewiesen ihre große Dankbarkeit. Voll Rücksicht verzichteten sie sogar auf das Tageszeitläuten. Kein Zwergenohr ertrug solchen Lärm.

Jäh änderte sich die Lage. Der Bauer Konrad bat am Mittwoch um den kupfernen Kessel. Bei Dunkelheit trugen ihn die Erdmännchen wie gewohnt gemeinsam in den Saal hinunter. Gestank erfüllte die Luft. Im Laternenlicht sahen sie, dass der Kesselbauch nicht glänzte. Schlimm genug. Sie stellten die Leitern an. Fünf kletterten hinauf, fuhren zurück, angeekelt hielten sie ihre Nasen zu und machten den anderen Platz. Auch sie stöhnten, bald wussten es alle. Als Letzter stieg Hildemar hinauf, er nahm gleich zwei Sprossen auf einmal und sah über den Rand. Kein Weißbrot. Dafür lag ein mächtiger Kothaufen im Kessel. »Das ist wirklich eine Schweinerei«, stöhnte Hildemar. »So was dürft ihr euch nicht bieten lassen.«

Zwerge ertragen keinen Spott. Die roten Augen der Erdmännchen glühten vor Zorn.

»Rache!« Das drohende Wort schallte aus jeder Stube.

Während der nächsten Nacht brachen sie in die Scheune des Grobians ein und stahlen ihm alles Korn. Bauer Konrad lachte nur böse. Er forderte den Kampf heraus und streute als Antwort heimlich harte Erbsen auf die Treppe hinab zu den Wohnungen unter dem Rathaus. Hildemar entdeckte die heimtückische Falle rechtzeitig und konnte Schlimmes verhindern.

Nun war es mit der Geduld der Kleinen endgültig vorbei. Die Erdmännchen teilten sich in Trupps auf. Keller. Stuben. Speicher. Als Konrad neben seiner Frau im Bett schnarchte, räumten sie ihm alles Hab und Gut aus dem Haus. Ins Schlafzimmer wagten sich die Erdmännchen nicht.

»Ich übernehme das.« Hildemar wartete unsichtbar neben den Schlafenden. Der Hahn krähte. Beim ersten Räkeln der Bauersleute packte er die Schlafstatt, kippte Mann und Frau hinaus und trug das Holzgestell samt heugestopfter Matte durch die Tür. »Konrad!«, schrie die Bäuerin. »Unser Bett schwebt davon.«

Mit wilden Sätzen sprang der Grobian hinterher. Der unsichtbare Hildemar war stets einen Schritt schneller. Draußen im Hof schleuderte er das Bett über den Mist gegen die Scheunenwand. Die Mauer brach. Das Dach stürzte ein. Staubwolken stiegen. Holzsplitter und Steine wirbelten durch die Luft.

Im Wohnhaus jammerte die Bäuerin: »Weg! Alles ist weg!«

Im Hof fluchte Konrad gotteslästerlich.

Von nun an stand der Kupferkessel des Morgens nicht mehr vor dem Rathaus. Die Wachtendonker warteten einige Tage, hofften, doch vergeblich. Sie jagten den Konrad davon. Zwecklos. Das friedvolle Nebeneinander war zerbrochen.

Zwerge haben einen dicken Kopf, sind hartköpfiger noch als Menschen. Warum also noch länger Rücksicht nehmen, fragte sich die Bürgerversammlung, und das Läuten der Tageszeit wurde wieder eingeführt.

Unter dem Rathaus zitterten die Erdmännchen, zitterten vor dem Morgen, dem Mittag und dem Abend. Sie stopften sich Tücher in die großen Ohren. Doch das Wummern und Gedröhn der Glocke fuhr ihnen ins Mark. Sie trippelten in den Stuben hin und her, warfen sich auf den Boden. Schließlich hielten sie den Lärm nicht länger aus. »Wir müssen fort!«, schluchzten sie. »Egal wohin, nur weg.«

»Ruhig, Leute.« Nach dem Abendläuten ging Hildemar von einem zum anderen, bis alle ihm zuhörten. »Kein Jammern mehr. Nehmt Sach, Pack und euren Kupferkessel. Zieht um in den Hülserberg. Dort habe ich vorgesorgt. Dort biete ich euch allen ein neues Zuhause.« Er war ein guter Redner, malte den Erdmännchen mit Worten die geräumigen Wohnungen, die Treppen, Säle und Gemächer. »Keine Glocke stört euch da.« Neue Zuversicht erfüllte jedes Herz. Ja, alle waren bereit. »Auf zum Hülserberg!« hieß die Losung.

»Und du?«, fragte der Kleine, den Hildemar damals auf seinem Weg nach Wachtendonk angesprochen hatte.

»Geht vor und richtet euch ein.« Der Grafensohn schnippte die Finger. »Ich komme nach, wenn es an der Zeit ist.«

»Verstehe.« Die Erklärung genügte, und der Stamm der Wachtendonker Erdmännchen zog um in den Hülserberg.

Die Övermännkes im Selfkant

»Der Anfang ist geschafft.« Hildemar wanderte weiter bis in den Selfkant. Dort traf er das Volk der Övermännkes. Sie waren fleißig, liebten es, den Menschen bei der Ernte zur Hand zu gehen, und im Winter misteten sie die Ställe aus. Zum Dank wurden ihnen Töpfe mit Brei und Pfannen mit geröstetem Brot hingestellt. Bis eines Tages ein Mahlknecht, sei es aus Übermut oder Hinterlist, einen alten Schuhlappen in den dampfenden Brei legte. Hungrig, wie sie nun einmal waren, bemerkten es die Övermännkes zu spät. Sie würgten, spuckten und wollten fort.

»Ruhig, Leute!« Hildemar wartete, bis alle ihm zuhörten. »Nehmt Sach und Pack. Zieht um in den Hülserberg. Dort habe ich vorgesorgt ...« Seine Rede dauerte noch lange und verfehlte ihre Wirkung nicht. Die Övermännkes wollten ins Zwergenreich bei Krefeld. Nur einigen war der Weg zu weit, sie zogen es vor, einfach so zu verschwinden.

Jahrzehnte durchstreifte Hildemar das niederrheinische Gebiet. Während dieser Zeit verschlechterte sich mehr und mehr das Zusammenleben der Zwerge mit den Menschen. Immer wieder traf er auf unzufriedene Völkchen der Erdgeister. Begierig hörten sie vom gelobten Hülserberg. Viele konnte Hildemar überzeugen, selbst Angehörige des Stammes der Killewittchen im Eschweiler Wald, sogar einige Hinzelchen aus dem Limburger Land.

Schuld an Streit und Schlimmerem war oft dumme Neugierde. Bei Rheydt halfen die Männchen vom Grobberberg seit Jahren heimlich dem Bauern des Scheulenhofs. Seine Magd hielt die Ungewissheit nicht aus, sie wollte endlich die nächtlichen Helfer sehen und belauerte die Kleinen durchs Schlüsselloch. Der Neugierigen wurde das Auge ausgestochen.

Schuld auch war ungeschickte Dankbarkeit. Wie konnte der Bauer den Wichten vom Ringenberg bei Wesel neue hübsche Jacken schenken? Zwerge wollen nicht wie Knechte ausgelohnt werden. Auch von ihnen sind einige zum Hülserberg gezogen.

Die Seckesmännchen in Willich

Gab es Ärger, dann setzten die Erdgeister noch ärger eins drauf. Während seiner Wanderschaft musste Hildemar oft genug Zeuge sein. In Willich, zwischen Gladbach und Krefeld, hausten die Seckesmännchen unter dem Acker, nahe des Teufelshof. Sie arbeiteten nicht sonderlich viel, umso mehr aber genossen sie ihren Spaß, zechten, neckten sich und tanzten nackt durch die Mondnächte. Wer Glück hatte, wer einmal das Treiben der übermütigen Gesellschaft beobachten durfte, der schmunzelte gut und gern eine Woche, und in mancher Bettkammer kehrte viel später als gewöhnlich Ruhe ein.

Um des Nachts ausgiebig der Lust und Liebe zu frönen, benötigten die Seckesmännchen ihren Tagschlaf. Das wusste der Herr vom Teufelshof. Ein verknöcherter Griesgram, nichts war ihm recht, jede Ausgelassenheit war ihm ein Dorn. So pflügte er den Acker besonders tief, zerschlug überdies jede aufgeworfene Scholle mit dem flachen Spaten. Die Kleinen schlossen kein Auge mehr. »Wer unsern heiligen Tagschlaf stört, dem zahlen wir es doppelt heim!«

Ehe Hildemar zu Wort kam, lag der Herr vom Teufelshof mit gebrochenem Genick neben seinem Pflug.

Zwerge und Riesen folgen ihren eigenen festen Regeln, das wusste Hildemar nur zu gut. Es gab Ja und Nein, kaum etwas dazwischen.

»Ruhe findet ihr hier nicht mehr. Geht zum Hülserberg. Platz gibt es genug.«

Die Bloeten bei Vluyn

Hildemar zählte, Zahlen liebte er, und so zählte er zusammen. »Bald reicht es.« Genug Zwergenstämme hatte er angeworben. Nur ein hochgerühmtes Volk fehlte ihm noch: die Bloeten. Sie lebten in der Erde nahe der Landstraße von Tönisberg nach Vluyn. Keine große Kolonie, dafür alt und reich an Tradition. Ihr Regent war der steingraue Laurenz I. von und zu Walberstrückske. Mit selbstloser Hingabe verehrten die Untertanen den greisen Herrscher.

»Wenn Laurenz I. bereit ist umzuziehen, dann ...« Hildemar wünschte es sich so sehr. Ein König! Das wäre die Krönung seiner langen Wanderschaft. Ein König für alle, erst dann war das Zwergenreich vollkommen!

Die Eigensucht des Schmieds vom Wolfsberg kam Hildemars Plan zu Hilfe. Täglich erbaten sich die Bloeten feingehämmerte Tiegel und Kessel. Nichts schmeckte König Laurenz Walberstrückske, es sei denn, die Speisen waren in diesem Kochgeschirr zubereitet. Von einem Tag zum anderen weigerte sich der Schmied. »Verschwindet. Mit dem Ausleihen ist Schluss. Besorgt euch gefälligst selbst was. Dann wisst ihr auch, was es kostet.«

Die Rache der Bloeten kam dem Schmied teuer zu stehen. Sie zerschlugen ihm des Nachts alles irdene Geschirr. Tag für Tag musste er neues kaufen, und Morgen für Morgen lag es zu Scherben zerdeppert in der Küche.

König Laurenz I. aß nichts mehr. »Aber, Majestät«, sein Kanzler Marbod reichte ihm Kuchen, bot ihm Waldbeerspeise an. »Ihr müsst Nahrung zu Euch nehmen. Was soll denn aus Euren Untertanen werden?«

Starrköpfig verweigerte der Regent jeden Bissen. Sein schütterer Bart hing ihm in dünnen Fäden vom Kinn. »Meine Bloeten lieben mich.«

»Gerade weil es so ist, bitte ich Euch inständig: Ihr dürft Euch nicht zu Tode hungern.« Hildemar bot sich an, dem Schmied das eiserne Back- und Kochgeschirr zu stehlen. Doch der Ratgeber ließ die Schultern sinken. »Danke. Ich fürchte, es ist zu spät. Unsere Majestät hat entschieden. Selbst aus dem richtigen Tiegel wird er nichts mehr essen.«

»Du meinst ...?« Hildemar wagte nicht weiterzusprechen.

»Ja, mein Freund. Seit Jahrzehnten schon ist Laurenz I. müde. Ich bin sein Kanzler und kenne ihn. Solange sich hier am Bloetkamp nichts veränderte, war er bereit, die Regentschaft weiterzuführen. Doch jetzt.« Marbod schüttelte den Kopf.

Aufgewühlt schritt Hildemar hin und her. So kurz vor dem Ziel durfte sein Plan nicht scheitern. Wenigstens ein einziges Mal sollte König Laurenz zu den neuangesiedelten Völkern im Hülserberg sprechen. Das allein würde genügen, um das Zwergenreich zusammenzufügen. Hildemar musste handeln, jetzt gleich. »Wie du weißt, stamme ich selbst aus adeligem Geschlecht. Doch ein König erreicht mehr als ein Graf«, begann er.

Aufmerksam hörte Marbod zu, schließlich blickte er dem Grafensohn ernst in die Augen. »Gut, ich werde mich dafür verwenden. Wir ziehen in den Hülserberg. Dein Werk ist von nun auch meins. Nur eine Forderung stelle ich: Nie darfst du mich von deiner Seite stoßen.«

Hildemar gab dem weisen Erdgeist das Versprechen. Und Marbod setzte sich für ihn ein. Noch am gleichen Tag kniete der Grafensohn vor dem Thron. Laurenz I. steckte ihm zittrig einen funkelnden Ring auf den Finger, murmelte einige Worte und schloss: »So sei es.«

»Die Zeremonie ist beendet«, lächelte Marbod. »Ihr könnt Euch erheben.« Er ließ eine Pause. »Mein Prinz von und zu Walberstrückske.«

Auf Hildemars Fragen antwortete der Ratgeber geschäftig. »Unsere Majestät ist kinderlos. Er hat Euch soeben an Sohnes statt angenommen.« Hildemar verlangte den Grund zu erfahren.

»Nicht jetzt, mein Prinz. Politik bedeutet, Vorsorge zu treffen.« Leise setzte Marbod hinzu. »Gerade, wenn das Unglück so nah ist.«

Das Volk der Bloeten schulterte Sach und Pack. Vier trugen den Thron voran. König Laurenz saß zusammengesunken unter dem seidenen Baldachin. Hin und wieder richtete Marbod das Wort an den geschwächten Herrscher. Nur eine Handbewegung war die Antwort. Beim Morgengrauen erreichte das Volk der Bloeten die Moorgegend vor dem Hülserbruch. »Majestät, bald sind wir am Ziel.« Marbod stockte. »Majestät?« Er befahl den Trägern zu halten. Das Gesicht des Herrschers war grau und leblos. Marbod senkte den Kopf. Nach stiller Andacht trat er vor das kleine Volk hin und rief: »Der König ist tot!«

Ein Aufschrei. Wehklage.

»Erweist ihm die letzte Ehre«, schwer fielen Marbod die Worte. »So, wie es Brauch und Gesetz ist.«

Er griff Hildemars Arm. »Kommt, mein Prinz. Wir dürfen jetzt nicht bleiben.« Nach fünfzig Schritt wandten sie sich um.

Die Bloeten hatten eine tiefe Grube im Moor ausgehoben. Begleitet von Weinen und Schluchzen senkten sie Laurenz I. hinab. Das Klagen erstarb.

Hildemar presste die Hand vor den Mund.

Still sprang ein Untertan nach dem anderen in die Grube und folgte seinem König. Fremd sind die Gesetze der Erdgeister. Als die Sonne über dem Moor aufging, war das Volk der Bloeten tot. »Weil sie ihn liebten, deshalb«, sagte Marbod.

Hildemar nickte. »Wir müssen weiter.«

Liebe und Tod in Krefeld

Ich bin bereit, alles zu verlassen,
und werde deine Königin.

Schnell sprach sich die Ankunft der beiden im Hülserberg herum. Auf dem unterirdischen Platz liefen alle Zwergenvölker zusammen. Övermännkes, Killewittchen, Seckesmännchen und die vielen anderen. Sie bereiteten dem Erbauer des Reiches einen jubelnden Empfang. Bescheiden dankte Hildemar.

Doch Marbod nutzte die Gunst der Stunde. Mit ausgebreiteten Armen verlangte er nach Ruhe. »Nicht nur der Grafensohn Hildemar ist zu euch heimgekehrt, sondern der rechtmäßige Prinz von und zu Walberstrückske. Ihr seht es am funkelnden Ring, den er trägt.«

Atemlos lauschte die Menge.

»Der König ist tot!« Geübt in Politik ließ sich der Ratgeber Zeit, dann packte er Hildemars Hand und riss sie hoch. »Es lebe der König!«

Das genügte allen.

»Hoch!«

»Hoch!«

»Es lebe König Hildemar!«

Drei Nächte lang wurde geschlemmt und getrunken. Der Stamm der Seckesmännchen spielte auf. Nie zuvor tanzten die nackten Paare so ausgelassen umeinander.

Hildemar hielt Wort. Marbod wurde sein Ratgeber und Kanzler des Zwergenreiches im Hülserberg. Geschickt verstand er es, das Misstrauen der Erdgeister gegenüber den Menschen abzuschwächen.

Bald blühte wieder das Leihgeschäft. Bald wurde wieder für die Bauersleute heimlich gedroschen, geschliffen und genäht. Sogar die Sprache der Menschen am Niederrhein wurde im Hülserberg gepflegt. Nicht offiziell, doch sie gehörte zum Umgang. Trat der Rhein nach der Schneeschmelze über das Ufer, griffen alle Zwerge unter Leitung ihres Königs zum Spaten. Auch wenn es etliche tausend Jahre her war, von dieser Arbeit verstand Hildemar viel. Tiefe Gräben wurden geschaufelt, und kein Hochwasser überspülte die Felder.

Alles schien gut, endlich.

Doch zur Verwunderung aller wurde Hildemar wortkarg. Oft saß er tagelang schweigend im Thronsessel und starrte zur Decke. Marbod wartete, dann fragte er: »Was quält Euch?«

»Darf ein König glücklich sein?«, fragte Hildemar zurück.

Der Ratgeber runzelte die Stirn. »Zuerst kommt das Volk. Und wenn es zufrieden ist. Warum nicht?«

»Ich bin allein«, seufzte Hildemar. Ehe Marbod etwas Kluges erwidern konnte, fuhr er fort: »Solange ich am Niederrhein unterwegs war, fiel es mir nicht auf. In Wahrheit aber ist es immer schon so gewesen. Ich weiß, es liegt an meiner Größe. Für einen Riesen war ich zu kurz, für einen Erdgeist bin ich zu lang.«

»Majestät! Vergesst nicht, wer Ihr seid.«

»Das ist es ja!«, empörte sich Hildemar. »Nur gut, dass ich König bin, denn er muss zu niemandem passen. Ich will aber nicht länger allein sein.«

»Eure Hofdamen …«

»Schluss damit. Jede schreckt vor mir zurück.« Hildemar schnippte die Finger. »Lass dir etwas Besseres einfallen.«

Besorgt rieb Marbod die Glieder der Kanzlerkette. Eine Lösung? »Diese Grafentochter«, murmelte er vor sich. »Nicht zu groß …«

»Was sagst du?«, Hildemar richtete sich auf.

»Nichts, mein König. Nur ein Gedanke.«

»Heraus damit!«

»Zürnt nicht. Doch ich meine, wenn Ihr Euch für eine Menschenfrau erwärmen könntet …«

»Ach, was. Dafür genügt meine Größe nicht.«

»Und wenn das Fräulein von besonderer Statur wäre?«

Scharf sah Hildemar den Kanzler an. »Du denkst an eine bestimmte Dame?«

Marbod nickte. Ratgeber müssen stets gut informiert sein. Vor den Toren Krefelds lag das Schloss Krakau, umgeben von tiefen Wassergräben und einem See, befestigt mit Mauern und Türmen. Dort hielt der Graf seine einzige Tochter wie eine Gefangene. Nie durfte sie das Gelände verlassen. »Täglich sitzt sie im Schlossgarten und weint.«

Hildemar ballte die Faust. »Warum behandelt der Vater sie so schlecht?«

»Graf Krakau will seine Tochter verheiraten. Doch kaum sehen die Freier das Fräulein, entschuldigen sie sich und reisen überstürzt ab.«

»Was fehlt ihr?«

Der weise Marbod wiegte den Kopf. Sorgsam betonte er: »Mein König, sie ist klein und vor allem rundlich.«

»Klein!« Ein Lächeln erhellte Hildemars Gesicht. »Wie schön. Und rundlich! Wie wunderbar.« Beide Hände schlug er auf die Lehnen des Thronsessels. »Was zögerst du? Stell sie mir vor.«

»Das wird unmöglich sein«, dämpfte Marbod die Begeisterung. »Der Graf bewacht seine Tochter, bis sie genügend Pfunde verloren hat. Jeder Zuckerkringel, jeder Kuchen ist vom Küchenzettel verbannt. Alles Süße ist ihr verboten. Stattdessen muss sie Körner, Salat und Möhren zu sich nehmen.«

»Welch eine grausame Kur.« Hildemar sprang vom Thron herab. »Ich will zu ihr. Ich werde der Unglücklichen einen Besuch abstatten. Schon morgen.«

Neuer Schwung belebte den König. Marbod sah es voll Freude.

Mit einem Mal runzelte Hildemar die Stirn. »Wie komme ich übers Wasser?«

Kein Erdgeist beherrscht die Kunst des Schwimmens.

»Eure Sache, Majestät, ist auch die meine.« Und Marbod wusste Rat. »Wenn Ihr zum Ufer kommt, so ruft den Butt Timpatee. Seit wir ihn aus dem Fischernetz befreit haben, schuldet er uns Dank.«

»Das gefällt mir an dir, mein Freund. Jedes Problem weißt du zu lösen.«

Ein Geschenk? Hildemar überlegte nicht lange. »Ich bringe ihr, was sie entbehrt.« In der Küche ließ er früh am nächsten Morgen zwei honigsüße Pfannkuchen backen, gefüllt mit köstlichen Waldbeeren.

Der weise Marbod überreichte seinem König ein kleines Brot aus purem Gold. »Es besitzt geheimnisvolle Kraft. Graf Krakau überprüft täglich das Gewicht seiner Tochter. Berührt die Pfannkuchen vorher mit diesem Brot. So kann sie die süße Gabe mit Herzenslust verzehren, ohne an Rundlichkeit zu gewinnen.«

Nur begleitet von zwei Getreuen brach Hildemar auf. Nach wenigen Schritten kehrte er zurück. »Der Name? Ich muss ihren Namen wissen.«

»Wallpurga, so wird sie gerufen.«

Die Sonne strahlte über Krefeld. Ein heller Maimorgen.

»Wallpurga«, flüsterte der Zwergenkönig während des Weges vor sich hin, wiederholte den Namen laut, übte ihn mit kühnem Klang und dann wieder zärtlich.

Nahe des Schlossteichs ließ er die Begleiter unter einem Busch warten. Allein trat er zum Ufer. Jenseits des Wassers, am sanften Hügel unter einer Linde entdeckte er die Tochter des Grafen. Dort saß sie, das Gesicht vom langen Haar bedeckt. Der Wind trug ihr leises Schluchzen herüber.

Hildemar zögerte nicht. Er beugte sich zum Wasserspiegel. »Feeschke, Feeschke, Timpatee. Hol mech rasch wähl öwer de See.«

Wellenringe. Ein silberglänzender Rücken wölbte sich aus dem Wasser. Durch Seerosen glitt der Butt näher. Hildemar schulterte den Korb und stieg auf. Rasch war die Fahrt quer über den Schlossteich. Sanft landete der Fisch neben einem Stein. »Danke.«

Hildemar betrat den Garten. Langsam näherte er sich dem weinenden Fräulein. Und zwischen zwei Seufzern wagte er, sie anzusprechen.

Wallpurga teilte die Haarsträhnen. Sie erschrak nicht, dafür war ihre Einsamkeit zu groß. »Wer seid Ihr?«

Kein Erdgeist hält sich mit verschnörkelten Vorreden auf. Hildemar sagte die Wahrheit. Kurz schilderte er sein langes Leben, erzählte vom Vater, der ihn abgelehnt hatte und das Warum. Er berichtete vom Hülserberg, malte sein Reich mit den schönsten Farben. Schließlich gestand der König seinen Kummer, verschwieg nicht das Wieso.

Wallpurga sah ihn aus traurigen Augen an. »Euch ergeht es wie mir. Auch ich passe zu niemandem.« Wieder rollten Tränen über die Wangen. Hildemar kniete vor ihr nieder. »Als ich von Euch hörte, entstand ein Bild in mir. Jetzt, da ich Euch sehe, wird es von der Wirklichkeit noch übertroffen.« Der König legte die Hand auf sein Herz. »Schön seid Ihr, Wallpurga.«

Noch nie hatte ein Mann so zu ihr gesprochen. Wallpurga seufzte in aller Rundlichkeit und lächelte.

Das Geschenk. In seiner Verwirrung hatte es Hildemar vergessen. Er zog das Tuch vom Korb. Welch ein Duft.

»Für mich?« Wallpurga netzte die Lippen. So lange hatte sie entbehrt. »Wirklich für mich.« Ihre Nase krauste sich.

»Nur für Euch.«

Schnell blickte das Fräulein zum Schloss. »Nicht hier oben. Der Vater darf es nicht sehen.« Sie erhob sich, hielt den Korb wie einen Schatz. »Kommt.« Mit kleinen Schritten eilte sie vor Hildemar her. Er liebte ihren Gang. Keine Zwergendame seines Hofes besaß diese wiegende Grazie.

Im Versteck zwischen den Fliedersträuchern setzten sie sich zueinander. Aufgeregt rollte Wallpurga den ersten Pfannkuchen. Schon führte sie ihn zum Mund.

»Warte noch«, bat er, zog das Goldbrot aus der Rocktasche und berührte damit die Köstlichkeit. »Nun wird sich dein Gewicht nicht verändern. Dein Vater wird keinen Verdacht schöpfen.«

»Wie umsichtig du bist.«

Beide lachten. Das Du war gewonnen.

Und Wallpurga verzehrte den ersten Pfannkuchen, teilte mit ihm den zweiten. Sie leckten ihre honig- und butterklebrigen Finger ab.

Wohlig räkelte sich die Schöne. »So gut war mir lange nicht mehr.«

Hildemar betrachtete sie. »Wallpurga.« Seine Stimme hatte einen zärtlichen Klang. Wenn es eine Königin für ihn geben sollte, dann konnte es nur die Tochter des Grafen Krakau sein. Doch sein Verstand verbot ihm, gleich heute darüber zu sprechen.

Erschreckt sah Wallpurga zur Sonne. »Du musst gehen. Bald ist Mittag. Der Vater kommt und sieht nach mir. Trifft er dich hier an, kennt er kein Erbarmen.«

Am Ufer rief Hildemar den Fisch. Innig küsste der Zwergenkönig ihre Hand.

»Komm wieder«, bat sie.

»Morgen«, versprach er.

Viel zu kurz war der Abschied. Während der Fahrt über den Schlossteich wandte er sich um. Wallpurga winkte ihm nach.

Bei Anbruch des nächsten Tages kehrte Hildemar zurück. Er war zu früh im Garten, wartete voller Ungeduld mit frischgebackenen Pfannkuchen vor den Fliederbüschen. Endlich. Sie trippelte heran. »Der Vater hat keinen Verdacht geschöpft. Mein Gewicht hat sich nicht verändert.«

Rosa Röte überzog die rundlichen Wangen. »Die ganze Nacht lag ich wach«, sagte sie. »Ich habe geträumt.«

Er umarmte sie, reckte das Kinn nur ein wenig. Sie war nicht viel größer, neigte die Lippen nur ein wenig. Ihr zweiter Gedanke galt der Köstlichkeit. »Komm.«

Im Versteck schmausten sie und schmusten den Vormittag über. Ehe sie sich trennten, bat Hildemar: »Komm mit mir. Werde Königin über mein Zwergenreich.«

»Es geht zu rasch.« Sie schüttelte den Kopf. Kein übereilter Entschluss. Sie wollte ihr Herz prüfen. »Morgen, Liebster. Morgen gebe ich dir Antwort.«

An diesem Abend schritt Hildemar vor seinem Thron hin und her. Er wollte nicht sitzen. Zu sehr erfüllte ihn die freudige Erwartung. »Alles muss hergerichtet sein!«, befahl er dem Ratgeber. Ein geräumiges Schlafgemach. Das Bett überspannt von einem blauen Seidenhimmel. Pantoffeln sollten beschafft werden, bestickt mit Perlen und Diamanten.

Gewissenhaft schrieb Marbod die Wünsche nieder. »Wann, mein König, dürfen wir Wallpurgas Ankunft erwarten?«

Hildemar zählte: »Heute habe ich gefragt, morgen erhalte ich Antwort.« Er klatschte in die Hände. »Also übermorgen.«

Endlich graute der nächste Tag. Ehe der Tau getrocknet war, ließ Hildemar wieder seine beiden Begleiter unter dem Strauch zurück. Er rief den Fisch. Am anderen Ufer des Schlossteiches erwartete ihn die Grafentochter sehnsüchtig, und zwischen den Fliederbüschen genossen sie zwei Pfannkuchen und ihr Glück.

»Ja, Liebster.« Wallpurga küsste ihn. »Ich bin bereit, alles zu verlassen, und werde deine Königin. Nur ...« Sorge trübte ihren Blick.

»Sage es«, drängte Hildemar.

»Die Eltern. Nie werden sie ihr Einverständnis geben.«

Nicht umsonst war er König und ein Zwerg von kühner Entschlusskraft. »Da bleibt nur eins: Entführung.« Bis morgen musste Marbod den Plan entworfen haben. »Sei unbesorgt.«

Wallpurga vertraute ihm, sie sank in seine Arme.

Liebe verschlingt die Zeit. Längst stand die Sonne im Mittag.

»Tochter!« Der Ruf zerriss den Frieden des Schlossgartens.

»Mein Gott, der Vater.« Wallpurga richtete ihr Kleid. »Du musst fort!«

Hastig legte Hildemar den Gürtel um. Gemeinsam stürzten sie aus dem Versteck.

»Tochter!« Noch hatte der Graf die beiden nicht entdeckt. Weiter oberhalb bei der Linde suchte er nach ihr.

»Bleib im Schutz der Fliederbüsche«, keuchte Hildemar. »Morgen hole ich dich.«

Damit rannte er den Hügel hinunter, war ungedeckt, blickte sich immer wieder um. Noch wenige Schritte bis zum See.

»Halt! Steh, du Schuft!« Der Graf riss den Bogen von der Schulter. Hildemar hatte das Ufer erreicht. »Feeschke, Feeschke, Timpatee!«

Ein Pfeil zischte, verfehlte ihn.

»Hol mech rasch wähl öwer de See!«

Der Verfolger kam näher und näher. Aus dem Wasser hob sich der silberglänzende Rücken, glitt dem Ufer zu.

»Gleich! Du verkrüppelter Satan!«, brüllte Graf Krakau.

»Nein, Vater!« Die Stimme Wallpurgas.

Jetzt landete der Butt am Stein. Mit einem Satz saß Hildemar auf, beugte sich dicht über die Schuppen. »Schnell, Timpatee. Schnell.«

Gewaltig war der Flossenschlag. Der Fisch schoss davon. Gischt schäumte.

Zornbebend zog Graf Krakau die Sehne zurück, senkte den Bogen, zielte.

»Nein, Vater!« Wallpurga konnte nicht helfen.

Der Pfeil sirrte davon. Er traf, durchschlug den Körper des Zwergenkönigs, drang tief in den Rücken des Butts.

Für einen Augenblick schwamm der Fisch weiter. Sein Flossenschlag erlahmte. Langsam wälzte er sich zur Seite. Hildemar versank, zog den Butt mit in die Tiefe. Wellen schwappten. Dann lag der See glatt. Graf Krakau packte seine schluchzende Tochter an den Haaren und zerrte sie mit sich fort.

Hilflos hatten die beiden Getreuen des Königs vom anderen Ufer das Furchtbare mit angesehen. Sie verließen den Schutz des Strauches. Schwer wurde ihnen der Weg. Erst spät erreichten sie den Hülserberg. Mit stockender Stimme erstatteten sie dem Kanzler Bericht.

Marbod senkte sein graues Haupt. »So nah wohnt neben dem Glück das Elend.« Verloren wanderte er durch den Thronsaal. Bei Tagesanbruch rief er die Ältesten und alle Zwergenstämme auf dem unterirdischen Platz zusammen. »Der König ist tot!«

Lange dauerte das Wimmern und Klagen.

Gegen Mittag zerriss Marbod die goldene Kanzlerkette und rief: »Erweisen wir ihm die letzte Ehre.« Seine Worte trafen jedes Herz. »So, wie es Brauch und Sitte ist.«

Die Dämmerung senkte sich über Krefeld. Nachtschatten verdüsterte Schloss Krakau. Am Ufer hatten sich die Erdgeister versammelt. Leise begannen sie zu singen:

»Op de See es groote Noth,
Es enn Feeschke blewen doot,
Wä neit möt ter Liek well gann,
Kann die Koos betahlen.«

König Hildemar von und zu Walberstrückske hatte so gern gezählt, und so sangen sie ihm zur Ehre den Zahlenvers:

»Aner Hammer
Rotterdammer.
Tein, twentig, dörtig, värzig,
fiffzig, sässig, sewenzig, achzig,
negenzig, hongert.«

Ein Zwerg stürzte sich ins Wasser. Von Neuem erklang das Lied. Wieder sprang einer von ihnen dem König nach. Sie sangen und folgten ihrem geliebten Hildemar. Mitternacht war längst vorüber. Marbod beendete allein den Vers, dann warf auch er sich ins nasse Grab. Das Zwergenvolk war untergegangen.

Fremd sind die Gesetze der Erdgeister.

Epilog

Manchmal, wenn heute vor einem Gewitter die Luft über Krefeld stehen bleibt, beginnt der klagende Singsang von irgendwoher: »Op de See es groote Noth, es enn …« Der jähe Sturm übertönt den Rest. Was war geschehen?

Wir wissen die Antwort.

Norbert von Xanten

Das Wissen verleiht nur Macht.
Erst wenn das Herz begreift,
kommt die nötige Kraft dazu.

Draußen auf dem Feld, zwischen der mauerbewehrten Siedlung Ulpia Traiana und dem Zeltlager, war die Legion vollzählig angetreten. Kein gewöhnlicher Appell. Die Standarten glänzten neben dem Standbild des Kaisers Maximian.

Maximian, Mitregent, Gewaltherrscher über den Westteil des Römischen Reiches, Maximian der selbst ernannte Gott!

An jenem Tag im Jahre 268 hatte sein Unterfeldherr die thebäische Kohorte vortreten lassen.

Gestern waren die dunkelhäutigen Männer als Verstärkung zur Hafenstadt an den Niederrhein gekommen. Seit wenigen Augenblicken kannten sie ihren Auftrag. Sie sollten die Mitglieder der verbotenen Christengemeinde innerhalb und außerhalb Ulpia Traianas aufspüren und töten.

Hauptmann Viktor sprach mit klarer Stimme: »Meine Kohorte und ich werden diesen Befehl nicht ausführen.«

Ein Raunen ging durch die Reihen der anderen Legionäre.

»Ihr verweigert den Gehorsam?« Viktor und seine Gefährten standen aufrecht, das Kinn gereckt.

Der Unterfeldherr zückte die Waffe. »Ein Gerücht eilte euch voraus. Ich habe ihm keinen Glauben geschenkt. Doch jetzt will ich den Beweis.« Er deutete zum Sockel der Statue. »Kniet nieder. Betet zu unserem göttlichen Kaiser.«

Ruhig erwiderte Viktor: »Niemals.«

Die Männer aus Oberägypten wussten, was sie erwartete. Der Kniefall, ein Lippenbekenntnis, und sie wären gerettet. Doch furchtlos hielten sie an ihrer Überzeugung fest. Keine

Heuchelei. Kein Leugnen. Hauptmann Viktor rief, und jeder Legionär hörte ihn: »Wir Thebäer sind selbst Christen und kennen nur den einen wahren Gott. Wir verehren keine Götzenbilder.«

Der Unterfeldherr gab Befehl. Die Thebäer wurden geschlagen, gequält. Sie beteten, bekannten ihren Glauben bis in den Tod.

Trotz Verfolgung der ersten Gemeinden, trotz Elend und Mord siegte das Christentum, auch in Ulpia Traiana. Nach Jahrhunderten wuchsen Kirchen über den Grabkammern der Märtyrer. Die Glocken des prächtigen St.-Viktor-Doms riefen die Gläubigen von nah und fern zur Andacht, zum Ort bei den Heiligen. »Ad Sanctos! Ad Sanctos!« Wie ein altes Gewand legte die Stadt den heidnischen Namen ab und kleidete sich neu: Xanten. Demut und Verpflichtung zugleich.

Unaufhaltsam war auch die Macht der römischen Kirche gewachsen und mit ihr der Reichtum. Politik, Herrschsucht und Prunk bestimmten das Leben der hohen Würdenträger. Genuss und zügellose Freude gehörten zum Alltag vieler Klöster. Vergessen schien das Gebot der Enthaltsamkeit, vergessen das Wort des Apostel Paulus.

Wie in den übrigen Städten des Erzbistums Köln vergaßen auch in Xanten die geistlichen Herren des Stiftes St. Viktor das nur zu gern.

Norbert, der 33-jährige Kanoniker, war einer von ihnen. Jetzt im Mai des Jahres 1115 war er fest entschlossen, mehr noch als seine Mitbrüder, das Leben zu genießen.

Donnerstagabend. Gespräche, Gelächter erfüllten das Refektorium. Kerzen flackerten an den Wänden, flackerten auf dem langen Tisch zwischen dampfenden Schüsseln und Brotkörben, spiegelten sich in den silbernen Krügen und Bechern. Norbert saß im Rund der vornehmen Gesellschaft. Er hörte nicht hin, der Weingenuss entführte seine Gedanken. Lächeln umspielte den kräftigen Mund. Wonnemonat. Wie diese Bezeichnung zutraf. Halblaut seufzte der Stiftsherr: »Ja, der Mai und der Pfeffer, die haben es in sich.«

Sein behäbiger Tischnachbar ließ das Messer sinken. »Was meint Ihr?«

Norbert hielt erschreckt inne. Hüte deine Zunge, ermahnte er sich. Auch wenn das Herz voller Erwartung überlaufen möchte, nichts durfte die Neugierde der versammelten Priester und Kanoniker wecken, nichts seinen Ausritt am nächsten Morgen gefährden.

»Was meint Ihr?«

Norbert sah in das gerötete Gesicht. »Der Pfeffer reizt den Durst und treibt den Schweiß.«

»Amen«, pflichtete ihm sein Nachbar bei und wählte zwischen zwei Schüsseln, entschied sich nicht für den scharf gewürzten Hammelkopf, er nahm ein Stück vom gepfefferten Gänsebraten.

Jäh ernüchtert, wandte sich Norbert nach seinem Diener um. Breitbeinig, leicht schwankend stand Ansgar hinter dem Stuhl. Die Augen glänzten, das bärtige Kinn war nass. Der Kerl hat schon zu viel! Zweimal war er von Norbert in den Keller geschickt worden, und zweimal hatte Ansgar den nur halbgefüllten Weinkrug vor seinen Herrn gestellt. Darin unterschied ihn nichts von den Leibdienern der anderen Kanoniker. Zwar aßen sie, was auf den Tellern übrig blieb, und wurden satt. Doch mit Wein und Bier sah es schlechter aus. Die Knechte kannten den großen Durst der Geistlichkeit, deshalb stillten sie den eigenen vorsorglich unterwegs, ehe der Krug unerreichbar auf dem hellgescheuerten Tisch stand. Eine geduldete Sitte, die längst zur Gewohnheit geworden war.

Heute aber verwünschte Norbert den bedenklichen Zustand seines Knechts. Er war in alles eingeweiht, hatte die Pferde in einem Stall außerhalb des Stifts untergestellt, die Fahrt über den Rhein im Voraus bezahlt. Und Betrunkene schwatzen viel! Hastig riss Norbert eine fetttriefende Keule vom Gänsebraten. »Hier. Nimm das, und iss dich satt.«

Als Ansgar mit dem Teller davoneilte, hob der Tischnachbar erstaunt die Brauen. »Ihr seid überaus großzügig.«

Jede Benommenheit war gewichen, klar und wach parierte Norbert: »Wenn es dem Herrn gut geht, soll der Diener nicht darben.«

»Amen.« Der behäbige Mann prostete ihm zu. Norbert nahm nur einen kleinen Schluck.

»Wann entschließt Ihr Euch?« Die leicht hingeworfene Frage erschreckte Norbert. »Wozu?«

»Wann bittet Ihr um die höheren Weihen? Wird es nicht Zeit? Wie lange seid Ihr nun schon Subdiakon?«

Nicht solch ein Gespräch, nicht jetzt und hier, schnell wollte Norbert das Thema beenden. »Fünfzehn Jahre. Ich war zu beschäftigt.«

Mit einem Augenzwinkern neigte sich der Kleriker zu ihm: »Verstehe. Verstehe. Nicht ohne Neid, ich gestehe es gern, habe ich Euren steilen Aufstieg bewundert. Erst gern gesehener Gast am Hofe unseres geliebten Erzbischofs, dann sogar Kaplan des Kaisers. Ihr durftet Heinrich V. nach Rom begleiten. Was mich …«

»Das war keine glückliche Reise.« Norbert ballte die Faust. Mühsam beherrscht setzte er hinzu: »Die Gefangennahme des Papstes und seiner Kardinäle …«

»Nein, nein. Was kümmert mich Politik.« Näher rückte der Geistliche, zupfte Norbert am seidenen Ärmel des Gewandes. »Ich denke an all den Prunk. Nein, will gar nicht wissen, wie viele Goldstücke Ihr für Eure Dienste entgegennehmen durftet. Jeder von uns ist begütert, doch kaum einer geht so kostbar gekleidet wie Ihr.«

Norbert presste die Lippen aufeinander. Weinselig raunte sein Nachbar: »Ihr gefallt mir, junger Freund. Subdiakon. Das bedeutet nicht mehr Nein, doch auch noch nicht Ja. Sehr geschickt. Ihr genießt zum einen uneingeschränkt die Pfründe als Kleriker, und zum anderen habt Ihr Euch die Tür zum Weltlichen einen Spalt offen gehalten.«

Was erlaubt sich dieser alte Schwätzer? Norbert atmete schwer. Will er mich reizen? Mich kränken? Bleibe ruhig. Keinen offenen Streit. Norbert bezwang den aufsteigenden Jähzorn. Höflich betonte er: »Ich sagte Euch schon: Ich war zu beschäftigt, um mich auf die höheren Weihen vorzubereiten.«

Unbeeindruckt fuhr der Priester fort: »Im Vertrauen, werter Freund. Wäre ich noch einmal jung …« Er ließ die Finger zwei Sprossen der Leiter hinaufklettern. »Mehr nicht. Nur bis zum Subdiakon. Genau wie Ihr. Und dann würde ich …« Die genüssliche Vorstellung erhellte sein Gesicht. »Ja, das würde ich …« Er brach ab. Voller Bedauern wischte er sich die Stirn. »Doch was nutzt das Klagen. Zu spät.«

Am Kopf der Tafel erhob sich der Propst. Norbert sah es, flüsterte erleichtert: »Ihr habt recht. Es ist schon spät.«

Gemeinsam dankten die Stiftsherren für Speis und Trank.

»Amen.«

Sofort schob Norbert den Stuhl zurück. Er grüßte in die Runde. Erst draußen beschleunigte er den Schritt. Sein Diener kauerte halbschlafend an einer Säule des Kreuzgangs. Norbert packte ihn am Kittel, riss ihn hoch. »Du Idiot. Wer hat dir erlaubt, heute zu saufen? Gerade heute?«

Schützend hob Ansgar die Hände. »Alles ... alles ist vorbereitet, Herr. Das bisschen Wein ...«

»Schweig.« Norbert schlug ihn nicht. »Komm jetzt.«

Nein, er durfte nicht in der Gesindekammer schlafen. Bis zum Aufbruch wollte ihn Norbert nah bei sich wissen. So rollte sich Ansgar vor der Tür seines Herrn zusammen.

Der Morgen graute. Es war der 28. Mai des Jahres 1115. Schon bekleidet mit dem weichen Unterkleid stand der schlanke Stiftsherr am Fenster. Federwolken. Ein leichter Wind. Es versprach ein warmer Maitag zu werden.

»Agnes«, flüsterte er. In diesem Namen vereinigten sich Sehnsucht, Begierde und Entschlossenheit. Agnes, sie war die Cousine Heinrichs V. Im letzten Jahr, auf der glanzvollen Hochzeit des Kaisers zu Mainz, hatte Norbert die zwanzigjährige Prinzessin kennengelernt. Ihre Augen, die Anmut ihrer Gesten, ihre Stimme. Der selbstbewusste Kanoniker suchte die Nähe der jungen Frau und fand Gehör. Was kümmerte ihn noch das Gelübde, das er bei der Weihe zum Subdiakon abgelegt hatte? Agnes, sie war Äbtissin des Frauenstifts zu Vreden, sie fühlte wie er. Die Verliebten waren bereit, alle lästigen Fesseln und Gebote abzustreifen. »Komm zu mir.« Wie oft hatte Norbert in den letzten Wochen ihre Botschaft gelesen? Und heute war der Tag. Und nichts sollte ihn zurückhalten können.

Von Ansgar ließ er sich ins rotviolett schimmernde Seidengewand helfen, die weichgegerbten Lederstiefel schnüren und den mit Silber beschlagenen Gürtel umlegen.

Ehe sie hinaustraten, zeigte Norbert dem Diener einen Beutel, prall gefüllt mit Silbermünzen. »Wenn wir sicher in Vreden angekommen sind, soll es dein Schaden nicht sein.«

Ansgar stieß einen Pfiff durch die Zähne. »Herr, ich bring Euch zu der Dame, und wenn ich Euch tragen müsst.«

Sie verließen das Stift durchs Michaelstor. Der Wächter auf der Brücke grüßte verschlafen.

Schnell erreichten sie den Rhein. Wie verabredet wartete der Fährmann, führte erst beide Pferde in den breiten Kahn, band ihnen lose die Vorderhufe, hiernach bat er seine Gäste auf die Bank. Während er das Segel setzte, sah er zum Himmel. »Sieht nicht gut aus.« Eine milchige Wolkendecke, die Sonne eine fahle Scheibe. »Hat sich aber schnell bezogen. Glaub, wir kriegen bald ein Wetter.«

Ansgar zuckte gleichgültig die Achseln, und der vornehme Stiftsherr hörte nicht hin. Norbert überdachte noch einmal seinen Plan. Für Chordienst und Konventenamt hatte er gegen wenige Pfennige einen Bettelmönch beauftragt. Das fällt keinem auf. Er lächelte dünn. Kaum einer der Stiftsherren plagte sich selbst beim Hochamt oder bei den anderen Diensten ab, dafür hatten sie ihre billigen Stellvertreter. Nein, weder heute noch morgen, auch nicht am Sonntag würde ihn der Propst vermissen. Das rechte Rheinufer glitt auf ihn zu. Wenigstens drei Tage, drei Nächte mit Agnes. Welch eine Ewigkeit!

Hinter Bislich nahmen sie den Karrenweg in nordöstliche Richtung. Schwül war es.

Der Herr ritt vornweg. Ein kurzer Druck, sein Rappe trabte an. Norbert fühlte das kraftvolle Spiel der Muskeln. Der Wind bauschte den Seidenmantel, kühlte seine Stirn. Vor ihm dehnte sich die flache Landschaft bis zum Horizont. Kein Dorf mehr, kein Gehöft, kaum ein Baum, hier und da duckten sich Büsche. Und dort hinten am Ende des Blicks würde nach vier bis fünf Stunden der Kirchturm von Vreden auftauchen. Ein schrankenloser Weg.

»Herr!« Ansgar unterbrach das lange Schweigen. Seine Stimme klang besorgt. »Herr! Dreht Euch mal um. Der Himmel gefällt mir nicht mehr. Wolken kommen da. Ziemlich dunkle.«

»Stör mich nicht.«

Norbert dachte zurück an Siegburg. Die Klosterschule. Seine Lehrer. Vor allem an den ernsten Abt Kuno, der so anders lebte, den das herablassende Gespött der prunksüchtigen Äbte aus den Nachbarklöstern nicht kümmerte. »Du lernst leicht, mein Sohn. Du besitzt eine Redegabe, die jeden Zuhörer fesselt.« Zum Abschied legte Kuno seinem Schüler die Hand auf die Schulter. »Das Wissen verleiht nur Macht. Doch wenn das Herz begreift, dann erst kommt die nötige Kraft hinzu.«

Norbert strich die Mähne seines Rappen. Wie recht der Lehrmeister hatte. Bisher ließ ich mich nur von meinem Verstand leiten, und ich hatte Erfolg. Ich bin weiter gekommen als die übrigen Kanoniker im Viktor-Stift. Nein, kein Hochmut. Alles habe ich mir selbst erarbeitet, Ämter, Ansehen. Und überdies weiß ich, die Geschenke des Lebens zu nutzen.

»Herr!«, hörte er Ansgar hinter sich rufen. »Jetzt sind es schon Riesen, ziemlich schwarze. Sie schieben sich ran.«

Norbert wandte den Kopf. Wie ein Meer brodelte es am westlichen Himmel, die Brandung trieb zwei aufgetürmte Wolkenkeile vor sich her. »Was kümmert es uns. Der Regen wird dir den Rausch aus dem Kopf waschen. Und vergiss nicht, den fetten Beutel erhältst du erst in Vreden.«

Norbert spornte den Rappen an. Im leichten Galopp setzten sie ihren Weg fort. Für einen Moment kam ihm der gestrige Abend in den Sinn. Dieser alte, geschwätzige Priester. Er hängt nur lüsternd seinen verpassten Gelegenheiten nach. Mir wird es nicht so ergehen. Denn jetzt hat mein Herz begriffen, und ich verlasse die Enge. Agnes, wir besitzen beide die Kraft, neben allem anderen, neben Amt und Pflicht, auch unsere Liebe zu genießen.

Dumpfes Grollen. Norbert sah auf. Die gewaltigen Wolkenberge waren direkt über ihm. Windböen trafen seinen Rücken.

»Herr!« Ansgar trieb den Gaul, hatte fast den Rappen eingeholt. »Bald brauchen wir Schutz. Ziemlich bald.«

Doch da war kein Baum, keine Scheune. Die ersten Tropfen klatschten. Vor den Reitern zog sich der Weg gerade durch die düstere Ebene. Norbert hob seine Gerte. »Es gibt keinen Unterstand. Also bleib hinter mir, Ansgar.« Er peitschte den Rappen, wiehernd stürmte das Tier davon. »Wir entkommen!«, schrie Norbert. Der Knecht schlug dem Gaul die Fersen in die Flanken, galoppierte seinem Herrn nach.

Blitze zuckten. Donner betäubte die Ohren. Der Regen setzte mit Wucht ein. Kein Tag mehr, das herabbrechende Unwetter ließ ihn zur Nacht werden. Blitz auf Blitz, ohne Pause, gefolgt von Krachen. Norbert beugte sich dicht über die Mähne, jagte das Tier mit der Peitsche.

Schnell fiel der Gaul des Dieners zurück. »Herr! Wartet! Herr!«

Durch das Toben hörte Norbert seine Rufe. Doch weiter, weiter!

Der Blitz fuhr in den Weg. Ein einziger Knall. Erde und Steine wirbelten. Im Lauf knickte der Rappe in die Vorderhufe, Norbert wurde nach vorn geschleudert, hinter ihm überschlug sich das Tier, fiel zur Seite. Benommen lag der Reiter am Rand des tiefen Lochs. Der Blitz war nicht erloschen, das Licht grellte weiter. Aus der klaffenden Erdspalte stieg Gestank. Schwefel und Fäulnis krochen in die seidenen Gewänder des Stiftsherrn. Die dumpfen Herzschläge weckten das Bewusstsein. Mit geschlossenen Augen warf er den Kopf hin und her. Atemnot. Verzweifelt griff er an seine Kehle. Sein Name wurde gerufen?

Nein, eine Täuschung. Norbert wehrte sich, versuchte die Lider zu öffnen. Vergeblich. Das Licht war heller als sein Wollen.

Wieder glaubte Norbert, seinen Namen zu hören. Er gab auf, alle Kraft wich aus seinem Körper.

»Hier bin ich«, sagte er stumm.

»Warum fliehst du vor mir?«

Der Verstand wusste keine Antwort.

»Kehre um. Denn ich habe dich gefunden.«

Das Licht löste sich auf. Sturm heulte, und Regen prasselte nieder. Ausgestreckt lag Norbert da. Er fühlte sich an der Schulter gerüttelt. »Herr?« Er fühlte eine Hand, sie strich ihm über die nasse Stirn. »Herr? Wacht auf. Verdammt, so sagt doch was.«

Langsam öffnete er die Augen. Über sich sah er das bärtige Gesicht seines Dieners.

Ansgar weinte und lachte zugleich. »Ach, Herr.« Er stammelte: »So'n Sauwetter. Ihr seid wieder wach. Und ein Dach hätten wir gebraucht.«

Norbert stützte sich auf. Mit einem Mal wusste er es: »Ich habe das Dach gefunden.« Trotz aller Erschöpfung lächelte er. »Ich muss zurück. Auch wenn es weit ist.«

»Na, worauf noch warten.« Ansgar half ihm hoch. »Hab da zwar keine Hütte gesehen. Aber wenn Ihr es sagt.«

Im August klopfte ein hochgewachsener Mann, bekleidet mit einem schlichten, grobgewebten Gewand, an die Pforte des Siegburger Klosters. Abt Kuno betrachtete den Besucher. »Willkommen.« Er zögerte. »Euer Gesicht erinnert mich, Euer Aussehen aber entspricht nicht ...«

Der Gast senkte den Blick. »Vater. Das Wissen verleiht nur Macht. Doch wenn das Herz begreift, erst dann kommt die nötige Kraft hinzu. Ich bin gekommen, weil ich Euch endlich verstanden habe.«

»Norbert.« Der Abt schloss ihn in seine Arme. »Sei doppelt willkommen, mein Sohn.«

»Ich bitte Euch, bereitet mich für den Empfang der höheren Weihen vor.« Sommer und Herbst widmeten sie den Studien, suchten nach der Auslegung des Psalmwortes: Lass ab vom Bösen und tue Gutes. Abt Kuno und seine Anhänger wiesen dem Schüler den neuen Weg. Eitelkeit, Prassen und die Sucht nach weltlichem Genuss hatten die Kirche und ihre Vertreter zu einer gefräßigen Kröte werden lassen. »Das Wort Gottes, so wie es geschrieben steht, nur das allein soll wieder unsere geistige Nahrung sein.«

Norbert war bereit. Im Dezember läuteten die Glocken des Kölner Doms. Zwei Stufen, die Weihe zum Diakon und Priester, durfte der Xantener Stiftsherr an einem Tag hinaufsteigen. Unter den entrüsteten Blicken der Bischöfe und Fürsten warf Norbert während der Feier das kostbare Gewand ab und ließ sich von seinem treuen Diener Ansgar ein Lammfell umlegen.

Keine bloße Geste. Abt Kuno sah das Brennen in den Augen des neugeweihten Priesters. »Steine und Disteln liegen vor dir, mein Sohn. Doch befiehl dem Herrn deine Wege und hoffe auf Ihn; er wird's wohlmachen.«

Nach zwei Monaten der Besinnung kehrte Norbert ins Xantener Stift zurück. Die erste Predigt wollte er vor den Bürgern seiner Heimatstadt, vor den Kanonikern und Klerikern halten.

Gerüchte waren ihm vorausgeeilt: Er verschenkt die Einkünfte seines Benefiziums. Gelächter. Der Knecht lebt jetzt besser als der Herr. Ungläubiges Kopfschütteln. Unter dem groben Rock trägt er einen Bußgürtel. Nasen wurden gerümpft.

Die Stiftsherren waren sich einig: Das geht vorüber. Die magere Kur bei den Reformern in Siegburg hat Norbert den Verstand vernebelt. Geduld. Lasst ihn erst wieder eine Weile das angenehme Leben hier bei uns genießen, dann legen sich die Flausen schnell. Dann wird Norbert wieder unser alter Norbert.

Am 2. Februar des Jahres 1116 war der Dom zu Xanten bis auf den letzten Platz gefüllt. Eingekleidet in die liturgischen Gewänder predigte Norbert. Sein Aussehen gab keinen Grund des Anstoßes. Seine Worte aber weckten Empörung bei den frommen Herren. Er bezichtigte sie offen der Ausschweifung und Völlerei. »Gebt acht, Gott lässt keine Tat ungestraft!«

Proteste. Fäuste drohten zum Altar. Norbert nahm es nicht wahr. In jedes Geschwür stachen seine flammenden Sätze. Die Predigt wurde zur Geißel. »Buße! Nur Buße führt euch zurück.«

Unterdrücktes Gemurmel, selbst während der neugeweihte Priester vorn am Altar zum ersten Mal das heilige Opfer darbrachte. Nach dem Gottesdienst entlud sich die Empörung. »Dieser Heuchler!« Gestern noch war er der leichtlebige, spöttische Stiftsherr, nahm sich alles an Vorrechten, genoss das Kanonikerdasein in Seide und Prunk. Sogar lüsternen Abenteuern, jeder wusste es längst, war er nicht abgeneigt. Und heute? Er wagt es, er besitzt die Stirn, uns anzuklagen.

Die Alten wollten es nicht selbst tun, sie hetzten einen jungen Kleriker auf, schoben ihn vor Norbert hin. Der Kerl verlachte den hochgewachsenen Priester und spuckte ihm ins Gesicht.

Stille. Ruhig wischte sich Norbert den Speichel ab. »Die Schmach erdulde ich gern. Ich gedenke meiner eigenen Sünden und bitte Gott um Verzeihung, auch für dich, auch für Euch, Ihr Herren.« Er sah von einem zum anderen. »Hier in diesem Boden versickerte das Blut des heiligen Viktor, vergossen, weil er an seinem Glauben festhielt. Ihr Herren, besinnt Euch auf die Demut und Bescheidenheit der ersten Christengemeinde. Unser Stift trägt den Namen des Märtyrers, beschmutzt ihn nicht länger.«

Da ließen sie den Bußprediger stehen, setzten sich ohne ihn zu Tisch. Es wurde gegessen und dem Wein zugesprochen wie jeden Tag.

Norbert von Xanten verließ bald die Stadt »Bei den Heiligen«. Als Wanderprediger folgte er nackt dem nackten Christus, führte leidenschaftlich den Kampf gegen die Eitelkeit und Vergnügungssucht der Kirchenvertreter.

In Frankreich gründete er den Orden der Prämonstratenser, legte seinen Brüdern strengste Regeln auf und wanderte weiter. Angefeindet, verhasst, trotz aller Bedrohung blieb er auf dem gewählten Weg. Sein unbeugsames Rufen erschreckte und beeindruckte schließlich Papst und Kaiser. Sie reichten ihm den Hirtenstab des Erzbistums Magdeburg. Und Norbert nahm die Würde an.

»Norbert, der Bußprediger? Norbert, der strenge Zuchtmeister? Wir haben ihm geglaubt, ihm vertraut. Kehrt er jetzt zurück zum glitzernden Pomp? War all sein Reden nur Schein und Trug?«

Barfuß, im ärmlichen Wollkleid betrat der gewählte Erzbischof seinen Magdeburger Palast. Für ihn gab es kein Zurück. Bis zum Tod blieb er der Unbequeme, ein Wegbereiter der Besinnung.

»Ad Sanctos! Ad Sanctos!« Auch heute noch. Die Glocken des Xantener Doms rufen uns zu den Heiligen Viktor und Norbert. Demut und Verpflichtung zugleich.

Elga von Liedberg

Niemand wagte, sie offen zu beschimpfen,
doch sie hörte das Gezischel,
das Tuscheln hinter ihrem Rücken.

»Was ist Frieden?«

Mit gekrauster Stirn stand das elfjährige Mädchen im Kräutergarten hinter der Hütte. Seine rotgoldenen Locken schimmerten. Elgas Mutter richtete sich auf. »Ich weiß es nicht genau, Kind.«

Jahrzehnt um Jahrzehnt dauerte nun schon der Krieg zwischen den Niederlanden und Spanien. Ohnmacht, bittere Entbehrung hatten die Menschen am Niederrhein, in Kleve, Kalkar und Goch, auch die Bewohner von Liedberg nahe bei Schloss Moyland gezeichnet. Sie fragten schon lange nicht mehr, unter welcher Fahne die durchziehenden Söldnertrupps dienten. Plündern, Brennen und Morden. Kein Unterschied, die rohe Gier der Landsknechte war auf beiden Seiten gleich.

»So sag's mir doch!«, forderte Elga.

Die Mutter seufzte, wischte die Hände am Kittel, ohne Antwort würde ihre Tochter keine Ruhe geben. »Also gut. Komm mit.«

Sie führte das Kind in den Verschlag hinter dem Wohnraum. An langen Schnüren trockneten hier die sorgsam selbst gezogenen, auch die draußen auf der Heide oder im unwegsamen Sumpfgebiet gesammelten Kräuter. Elgas Mutter war Hebamme und Heilkundige. Lag eine Frau im schweren Wochenbett, linderte sie den Schmerz, wollte der Husten nicht aufhören, eine Wunde sich nicht schließen, die Bewohner von Liedberg riefen nach ihr.

Jetzt brach sie aus zwei Kräuterbüscheln je ein Blatt, zerrieb das eine in der rechten, das andere in der linken. »Als ich geboren wurde, da war schon Krieg. Als Kind hab ich auch gefragt, und meine Mutter hat mir damals von früher erzählt. Weißt du, Elga, im Frieden, da gibt es keine Angst. Und jeder hat Brot genug, und draußen …« Lächelnd hielt sie dem Kind beide

Hände hin. »Da duftet es nach Minze und nach dem herben Salbei. So, glaub ich, riecht der Frieden.«

Lärm. Geschrei vom Dorfplatz her. »Söldner!«

»Sie kommen von Kalkar her!« Hart schlug die Glocke.

»Versteckt euch!«

»Verriegelt die Türen!«

Die Mutter befahl dem Mädchen: »Bleib hier. Rühr dich nicht. Ich muss den Vater warnen.« Schon rannte sie nach draußen. Der Mann war auf dem Acker drüben beim Schloss Moyland. Zu weit, um den Alarm zu hören. Die Hebamme raffte ihren Rock, hetzte den Fahrweg entlang.

Hufe donnerten. Ohne Halt galoppierte der Trupp an Liedberg vorbei. Elga hockte in der Kräuterkammer. Wenig später hörte sie die Männer des Dorfes rufen, rennen. Was war mit dem Vieh? Was mit den Bauern, die sich nicht rechtzeitig in Sicherheit gebracht hatten? »Ihr lauft zur Weide! Wir sehen auf den Feldern nach!« Elga verließ das Versteck nicht. Nach gut einer Stunde kehrten die Schritte zurück, schwere Schritte. Vor der Hütte hielten sie an. »Wo ist das Kind?« Der Name wurde gerufen, immer wieder.

Elga horchte. Nicht der Vater, nicht die Mutter, doch es waren vertraute Stimmen. Vorsichtig schob sich das Mädchen aus der Kammer. Es huschte an der Herdstelle vorbei. Nur einen Spaltbreit öffnete Elga. Kaum entdeckten die Männer das Kind, standen sie still da. Vor ihren Füßen lagen zwei blutige Körper.

Elga erkannte den Rock, sah die Kappe. Mit weit geöffneten Augen ging sie näher. Simon, der Dorfälteste, wischte sich die Stirn. »Bleib da weg.« Keinem Kind in dieser elenden Zeit war der Anblick des Todes fremd. Die Mutter, auch der Vater. Elga kauerte sich zu ihnen. Sie weinte nicht. Stumm, ohne Unterlass, wiegte sie den Körper vor und zurück.

Es war ein Tag im September 1630. Der Krieg zwischen den Niederlanden und Spanien ging nun schon ins 62. Jahr. Und irgendein Söldnertrupp hatte im Vorbeireiten einen Mann und eine Frau erschlagen.

»Was wird mit dem Mädchen?«, fragte der Pfarrer aus Kalkar nach der kurzen Trauerfeier. Die Liedberger blickten zum aufgeschütteten Grab hinüber. Reglos stand Elga dort allein, das

Haar hing in verklebten Strähnen bis über die Schultern. »Ihr müsst für das Kind sorgen«, mahnte der Geistliche. Beschäftigt zupften die Frauen an den Kopftüchern, ihre Männer starrten angestrengt auf die Stiefelspitzen.

»Versündigt euch nicht.«

Schließlich räusperte sich der Dorfälteste. »Wenn's sein muss. Also wir könnten ...«

»Simon! Was redest du da?«, fuhr ihn seine Frau an. »Wir haben selbst kaum genug.«

Vorwurfsvolle Blicke. Jeder im Dorf kannte den Geiz der strengen Adelheid. Doch keiner wagte, ihr zu widersprechen. Simon war der reichste Bauer von Liedberg. Neben dem fünfzehnjährigen Sohn Gottfried arbeiteten noch zwei Knechte und eine Magd auf dem Hof. Wenn überhaupt, dann konnte nur er das Opfer bringen.

Ungeachtet der fordernden Mienen empörte sich Adelheid: »Die Zeiten sind schlecht. Soll ich noch einen Esser durchbringen?«

»Lass gut sein, Frau.« Simon legte ihr beschwichtigend die Hand auf den Arm. »Der Pfarrer sagt, einer muss es tun. Und von den Eltern hat die Kleine ja noch eine Kuh. Die nehmen wir als Kostgeld.«

Allein der Gedanke an das wertvolle Stück Vieh gab den Ausschlag. Widerwillig lenkte Adelheid ein. »Meinetwegen. Das rote Balg soll in der Küche helfen. Aber zum Schlafen geb ich keinen Platz. Abends muss es zurück.«

»Gott wird dir deine Barmherzigkeit lohnen.« Der Pfarrer war zufrieden. Erleichtert gingen die Liedberger nach Hause.

Elga fügte sich. Unter der Aufsicht der Bäuerin arbeitete sie hart, nie gab sie Anlass zur Klage. Seit dem Tod der Eltern sprach Elga wenig. Den Bauersleuten war es recht. Hin und wieder kam der Sohn in die Küche, sah ihr eine Weile zu, mit den Augen zog Gottfried ihr den Kittel aus und grinste: »Die mit den roten Haaren, die haben's in sich.« Das Mädchen ließ ihn reden.

Frühmorgens und während der langen Abende pflegte Elga den Kräutergarten hinter der Hütte, hielt die Wohnstube sauber. Früher war sie oft mit der Mutter hinausgegangen. Auch jetzt nahm sie zur Blüte- oder Erntezeit den Korb und das Messer. Das Einsammeln der Kräuter bedeutete Erinnerung, half, die Einsamkeit zu lindern. Auf der Heide kannte sie die geheimen Stellen. Elga suchte nach Huflattich, Wegwarte und Balsamkraut, sie fand Aloe und wusste den Schierling von der Schafgarbe zu unterscheiden.

Mit besonderer Liebe achtete sie auf den Vorrat an Minze und Salbei. Davon trockneten jedes Jahr mehr Büschel als genug in der Kammer.

Und manchmal schickten die Liedberger eine Magd. »Weißt du was gegen den Grind? Gegen die Gicht?«

Wenn der Tee half, gab es ein Lächeln, selten auch eine Münze als Dank. Sonst kümmerte sich niemand um das schöne, stille Mädchen am Rand des Dorfes.

Wurde das Herz zu schwer, dann lief Elga über die Heide ins angrenzende Moor. Kaum jemand wagte sich hierher. Niedrige Birken und Buschwerk säumten den Rand, dahinter überwucherten Gras und Schilf den zähen Schlamm, gaben ein trügerisches Bild.

Die Mutter hatte ihr den verschlungenen Pfad gezeigt, den einzigen Weg, der in das weite Sumpfgebiet hinein und auch wieder sicher hinausführte. »Irgendwann werd ich ganz fortgehen. Weg von Liedberg. Irgendwohin, wo es schöner ist.«

An einem Nachmittag, Elga diente schon im vierten Jahr, trat die Frau des Dorfältesten aus dem Wohnhaus. Stirnrunzelnd beobachtete sie ihren Sohn. Gottfried näherte sich mit ausgestreckten Händen dem Brunnen. Ohne ihn zu bemerken, ließ Elga den Schöpfeimer am Windenseil ab. Ehe der Jungbauer sie packen konnte, schrie Adelheid: »Wag es nicht!« Gottfried schreckte zurück und verschwand im Stall.

Die aufgebrachte Mutter eilte über den Hof. Grob riss sie Elga herum. »Du Schlange!« Adelheid besah die junge Frau von oben bis unten. »Meinem Gottfried den Kopf verdrehen. Das treib ich dir aus.«

»Ich hab nichts getan, Bäuerin. Glaub mir.«

Heftig schlug sie der Fünfzehnjährigen ins Gesicht. »Bind dein rotes Hexenhaar, versteck es unter einem Tuch. Ab morgen trägst du einen weiten Kittel bis zu den Füßen. Sonst ersäuf ich dich.«

Abends stand Elga im Kräutergarten. Immer noch fühlte sie das Brennen auf den Wangen. »Irgendwann geh ich ganz fort.«

Trotz des hochgebundenen Haars, trotz des grauen Kittels stellte der Jungbauer ihr von Tag zu Tag heftiger nach. Im Halbdunkel der Vorratskammer drängte er Elga an die Mauer. Sie wehrte sich verzweifelt, biss in den Arm, in die Lippen, zerkratzte sein Gesicht und den Hals. Endlich ließ er von ihr ab.

»Glaub mir. Dieses Weibstück hat mich einfach angefallen«, verteidigte Gottfried seine blutigen Striemen vor der Mutter. »Wie eine Hexe.«

Adelheid verengte die Augen. »Jetzt ist's am Tag.« Sie straffte den Rücken. »Ich hab's damals schon geahnt. Die roten Haare. Daran erkennt man die Teufelsluder. Eine Hex, das ist aus ihr geworden. Mein armer Junge. Ich verspreche dir, so eine setzt keinen Fuß mehr unter mein Dach.«

Sie griff nach der Ochsenpeitsche und trieb Elga vom Hof.

»Eine Hex. Eine Teufelshure!« Adelheid stand im Kreis der Liedberger Frauen. »Ich warne euch, weg muss sie. Ehe uns der Herrgott bestraft.« Zögerndes Achselzucken, verwirrt schwiegen die Nachbarinnen. Unsere Elga? Eine Hexe? Sie wollten es nicht glauben, und doch, einmal ausgesprochen, nistete sich der Gedanke ein.

»Lass nur, Frau.« Der Dorfälteste schüttelte den Kopf. »Sie hat nichts Schlechtes gemacht. Unser Junge hat Schuld.«

»Wag es nicht, meinen Gottfried ...«

»Versündige dich nicht an dem Mädchen. Bin ja einverstanden. Die Elga bleibt vom Hof weg. Also, gib Ruh. Der Krieg ist schlimm genug. Und schlimmer wird er. Überall erzählen sie jetzt von den Kroaten. Wie Wölfe sind die. Also gib Ruh, wir im Dorf müssen zusammenhalten. Bei uns gibt's keine Hex.«

»Was weißt denn du?« Voller Verachtung drohte sie ihm mit der Faust.

Simon wandte sich ab. Nach dem Melken verließ er mit einer Kanne den Hof. Zornbebend erwartete Adelheid seine Rückkehr.

»Wo warst du?«

Er hatte Milch zur Hütte am Dorfrand gebracht. »Elgas Kuh steht noch bei uns im Stall.«

»Deshalb bist du zu ihr? Du lügst. Ich weiß über dich Bescheid, Bauer. Auch dich hat sie schon mit ihrem Hurenhintern behext.«

»Schweig.« Röte stieg ihm ins Gesicht. »Vielleicht wär's besser, wenn wir dem Mädchen die Kuh zurückgeben.«

Dazu war Adelheid in ihrem Geiz nicht bereit. Das Rind musste im Stall bleiben.

»Wovon soll das Mädchen denn leben?«

»Was fragst du?«, höhnte die Bäuerin. »Soll sie sich doch an die Straße nach Kleve stellen, wo sie hingehört. Da kommen genug Landsknechte vorbei. Da verdient sich das Hurenweib schon was.«

Der Winter blieb mild. Elga ernährte sich von den gesammelten Beeren, kochte Brei aus Pilzen und Wurzeln. Trotz des Verbots seiner Frau brachte Simon zweimal in der Woche eine Kanne Milch. Wurde der Hunger zu groß, ging Elga in Liedberg von Haus zu Haus, sie tauschte Heilkräuter gegen Brot und Eier. Mit starrer Freundlichkeit wurde sie von den Frauen behandelt. Niemand wies Elga ab, doch schnell wurde die Tür geschlossen. Niemand wagte, sie offen zu beschimpfen, doch sie hörte das Gezischel, das Tuscheln hinter ihrem Rücken. »Vielleicht ist sie ja doch 'ne Hex?« In den Nächten lag Elga wach. »Ich wünscht, ich wär eine«, verloren starrte sie in die Herdglut. »Bestimmt ging's mir dann besser, glaub ich.« Kaum ertrug sie noch das Misstrauen der Leute. »Ich tue keinem was, will doch nur hier leben dürfen, bis ich endlich fort kann.«

Mit dem Frühjahr fiel der Krieg erneut über das Land am Niederrhein her, ihn begleitete die Pest. Doch mehr noch als den schwarzen Tod fürchtete der Mensch den Menschen. »Die Kroaten!« Der Schreckensruf eilte den grausamen Reiterhorden des Feldherrn Piccolomini voraus. Furchtbarer noch wurde die Wirklichkeit. Dort, wo sie auftauchten, wüteten sie wie Bestien. Vergewaltigung, Raub und Plünderung. Krefeld. Geldern. Auf der Schanze bei Kevelaer erschlugen sie mehr als hundert Frauen, Männer und Kinder. Bis zum Sommer hatten die Kroaten das Land mit tiefen blutigen Spuren aufgefurcht. Und kein Feldherr gebot ihnen Einhalt.

»Sie waren in Kalkar! Bis zum Mittag sind sie hier!« Die Schreckensnachricht erreichte den Dorfplatz von Liedberg. »Flieht!« Simon schrie die Nachbarn an. »Lauft weg!«

Doch wohin? Es gab keinen Wald. Äcker und Wiesen boten keinen Schutz. Für jede Flucht war es zu spät.

Adelheid richtete sich neben ihrem Mann auf. »Ablenken. Einer muss sie vom Dorf weglocken.«

Hoffnung flackerte in den Gesichtern, gleich erlosch der Funke wieder. Simon zuckte die Achseln. »Wie denn? Das schafft keiner von uns, ehe er …«

»Kein Mann!« Scharf schnitt ihm Adelheid das Wort ab. »Nur ein Weib.«

Allen stockte der Atem. Die jungen Frauen suchten Schutz hinter ihren Männern, schlugen hastig das Kreuz.

»Wenn ihr zu feig seid, dann fragt doch die Rote!«

»Versündige dich nicht, Frau …« Der Dorfälteste wollte abwehren. Doch zu spät. Keine von uns, aber die Elga! Schon ihre Mutter kannte sich mit den dunklen Kräften aus. So was vererbt sich auch auf die Tochter. In ihrer kopflosen Furcht rannten die Bewohner von Liedberg zur Hütte hinüber.

»Was wartest du noch?« Adelheid zerrte am Arm des Bauern. Die Zeit drängte, und Simon folgte ihr.

Mit den Fäusten trommelten sie an die Tür. »Hilf uns. Du musst uns retten!«

Verwirrt fragte Elga: »Ich? Warum ich?«

»Du allein kannst uns vor den Kroatenteufeln schützen. Lass uns jetzt nicht im Stich.« Bitte und Drohung zugleich.

Die Frau des Dorfältesten trat auf sie zu. »Du kennst dich aus, das weiß jeder hier. Und wenn du's geschafft hast, geb ich dir deine Kuh wieder.« Adelheid schob sich näher. »Lauf. Sonst bist du doch eine Hex.«

Der unbarmherzige Blick sagte die Wahrheit. Elga bemühte sich zu begreifen. Versuch ich's nicht, kommen die Kroaten. Selbst wenn sie uns verschonen, fangen mich nachher die eigenen Leute. Versuch ich's, dann ist es auch vorbei. Wählen muss ich, was schlimmer ist. Elga hielt inne. Ein Gedanke, kaum ein Ausweg, doch er wuchs zur einzigen Hoffnung. Vielleicht hab ich Glück, und dann sagt keiner mehr was von einer Hex.

»Gebt mir ein Pferd. Damit bin ich schneller.«

Aufatmen. Hart befahl Adelheid ihrem Mann: »Hol unsern Rappen.« Simon rannte, kehrte mit dem gesattelten Tier zurück.

Elga zog das Tuch vom Kopf, löste ihr langes rotgoldenes Haar, sie streifte den Rock ab. Halbnackt, nur mit dem dünnen Hemd bekleidet, stieg sie auf. »Versteckt euch im Haus.« Sie hieb dem Hengst die nackten Fersen in die Flanken und galoppierte zur Landstraße hinüber, auf Kalkar zu.

Die Liedberger sahen ihr nach. »Gott sei uns gnädig.«

Ein heißer Augusttag. Unbarmherzig brannte die Sonne. Bald schon erkannte Elga im flimmernden Licht die schwarzen Punkte. Rasch kamen sie ihr entgegen, wurden größer, wurden zu Reitern, die Helme blitzten. Elga zügelte den Rappen. Hier wollte sie warten. Angst schnürte ihr die Brust. Näher und näher trabte der Kroatentrupp. Gut zwanzig Bewaffnete zählte sie. Da löste sich die Ordnung, zog sich auseinander, jeder Reiter drängte in die erste Reihe, laute Rufe, Arme zeigten nach vorn.

Immer noch hielt Elga aus, wartete, jetzt sah sie in die wilden, bärtigen Gesichter, sah die gierigen Augen. Sie riss den Hengst herum, trieb ihn von der Straße querfeldein. Johlen. Mit heiserem Gebrüll setzte die Meute der hellen Gestalt nach. Ihre weiße Haut, das wehende Haar lockten die Verfolger von Liedberg weg.

Dicht über den Hals des Tieres gebeugt, jagte Elga über den Acker, sprang über Gräben, weiter, sie hielt auf das Heideland zu. Lauter wurde der Hufschlag, das wollüstige Grölen schwoll an. Weiter vorn tauchten die niedrigen Birken und Büsche auf. Das Moor. »Lauf! Lauf!« Elga krallte sich in die Mähne. Zwischen den Weidensträuchern begann der einzig sichere Pfad. Im vollen Galopp jagte sie das Tier hinein. Zweige schlugen. Elga riss am Zügel. Sofort gehorchte der Hengst, folgte langsam dem verschlungenen Weg durch das Schilf.

Kein Verfolger wollte dem anderen die Beute zuerst überlassen. In breiter Linie preschten sie auf das Buschwerk zu. Sporenhiebe.

Sie nahmen das Hindernis mit gewaltigem Sprung. Klatschend schlugen Pferd und Reiter in den zähen Morast. Schrilles Wiehern. Brüllen. Die Gäule versuchten sich zu befreien, unentrinnbar sackten die schweren Leiber tiefer. Einen Nachzügler warnten die entsetzten Rufe. Rechtzeitig konnte er sein Pferd zügeln. Für Hilfe war es zu spät. Vor seinen Augen ruderten die Kameraden mit den Armen, krochen auf die Schädel der versinkenden Tiere. Im Todeskampf versuchte ein Kroate, sich auf dem anderen hochzustützen. Das Moor verschlang den ganzen Trupp. Voll Grauen wandte sich der einzig Überlebende ab. Er spornte den Gaul an, hetzte davon, zurück zum Standquartier der Armee.

Als die Schreie über den Sumpf gellten, hatte Elga den Hengst angehalten. Atemlos horchte sie. Endlich drang kein Laut mehr bis zu ihr herüber. »Alles ist gut«, flüsterte sie. Mit einem Mal zitterte sie am ganzen Leib. Elga stieg ab und zog das Pferd am Zügel hinter sich her. »Komm. Hab keine Angst. Ich kenn den Weg.« Erst nach einer Weile lächelte sie. »Und wenn wir zu Haus sind, dann bin ich keine Hex mehr.«

Wie verdorrt lag Liedberg in der Glut des Nachmittags. Langsam ritt Elga durch die staubigen Gassen. Auf dem Dorfplatz lenkte sie den Rappen neben das Glockengestell. Ohne abzusteigen zog sie am Strick. Der Ton brach in die Stille. »Kommt! Habt keine Angst mehr!« Härter ließ sie den Klöppel schlagen. »Ich bin zurück. Alles ist gut!«

Erst zaghaft, dann rascher wurden die Türen geöffnet. Einer verständigte den Nachbarn, die Liedberger liefen zusammen, sahen ungläubig zu der hellen Gestalt auf. »Wir sind gerettet«, lachte Elga. Aufrecht ritt sie zum Hof des Dorfältesten. Hinter ihr drängte sich das Volk. Sie glitt aus dem Sattel und reichte Simon den Zügel. »Die Kroaten sind im Sumpf. Tot sind sie.«

»Das vergess' ich dir nie«, murmelte der Bauer.

Sein Sohn stierte auf die halbnackte Frau, ihre Schenkel, das schweißnasse Hemd klebte auf den Brüsten.

Jäh riss ihn die Mutter herum. »Was gaffst du, Gottfried? Los, bring die Kuh.« Das Blut flammte dem Jungbauern übers Gesicht, schuldbewusst rannte er zum Stall.

Weder der Sohn noch ihr Mann, Adelheid selbst führte das Rind zu Elga. Laut rief sie, und alle hörten es: »Aus Dankbarkeit schenke ich dir die Kuh.« Und leise zischte sie: »Jetzt hast du's bewiesen. Du bist, was du bist.«

Elga zuckte zusammen. Sofort stach Adelheid nach. »Verschwinde. Zeig dich nicht so. Du schamloses Luder.«

»Aber Bäuerin ...« Tränen rannen Elga über die Wangen.

»Weg. Sonst hol ich die Peitsche!«, herrschte die hagere Frau. »Mit einer wie dir will keiner was zu schaffen haben.«

Hilfesuchend sah Elga sich um. »Aber ich hab es doch für euch getan. Für unser Dorf.«

Starre Gesichter, niemand wagte, ihr beizustehen.

Kaum hatte Elga den Kreis verlassen, setzte Gemurmel ein. Ehe Fragen laut wurden, rief Adelheid: »Sie hat uns gerettet. Das ist wahr. Aber lasst euch nicht täuschen ...«

»Gib endlich Ruh!« Simon ballte die Faust. »Du hast schon genug angerichtet.«

Doch seine Frau schürte die Glut. »Kein Christenmensch wär lebend entkommen. Nur eine, die mit dem Schwarzen im Bund steht. Hört auf mich. Mit Teufelszauber hat das rote Weib die Kroaten behext. Deshalb liegen sie jetzt im Moor.«

An Glück, an ein Wunder glaubte in dieser leidvollen Zeit niemand mehr. Mag schon sein, dass sie eine Hex ist. Heute war es den Liedbergern gleichgültig. Die Warnung zündete kein Feuer an. »Elga hat uns gerettet.« Nur das zählte. Und solang sie uns und dem Vieh nichts Böses anzaubert, soll sie doch in ihrer Hütte leben.

Elga hockte auf dem Boden der Kräuterkammer. Fest hielt sie die Knie umschlungen und wiegte den Körper vor und zurück. Bilder fielen über sie her. Aus den gierigen Augen der Kroaten wuchsen die Gesichter der Leute im Dorf. »Für mich gibt's kein Glück.« Sie weinte.

Der Sommer blieb heiß und stickig, die Nächte kühlten nicht ab. Ende August näherte sich der Scherenschleifer dem Dorf. Alle zwei Monate führte ihn sein Weg nach Liedberg. Spät war es. Husten schüttelte den schmächtigen Mann. Am Dorfrand legte er sich unter seinen Handkarren, trotz der Wärme zog er die Decke bis zum Kinn. Keuchend betastete er die hartgeschwollenen Stellen in den Achselhöhlen. Bis zum Morgengrauen dämmerte er vor sich hin.

Hausfrauen und Mägde brachten Messer, Äxte und Sicheln zum Marktplatz. Erwartungsvoll drängten sie sich um den kleinen Scherenschleifer. Sein Besuch war eine willkommene Abwechslung. Doch heute erzählte er keine Geschichten. Nicht eins seiner Lieder über verführte Mägde und betrogene Bauern gab er zum Besten. Wortkarg arbeitete er, hustete, der Schweiß lief ihm übers graue Gesicht.

»Was ist mit dir?«

»Fühl mich nicht gut.«

Keine Fragen mehr. Niemand sah ihn genau an. Vom Leid wollten die Liedbergerinnen nichts hören, das sollte jeder allein tragen. Gleichgültig entlohnten sie den schmächtigen Mann.

Die Kinder harrten aus. Bettelnd zupften sie den Scherenschleifer am Kittel. Ihnen zur Freude drehte er das Rad schneller und ließ zum Abschied einen Funkenregen sprühen.

»Ich muss weiter.«

Vor ihrer Hütte erwartete ihn Elga. Sie streckte ihm Messer und Scheren hin. Ohne den Karren anzuhalten, keuchte er: »Hab keine Zeit, Mädchen. Beim nächsten Mal.«

Sie sah den speichelverklebten Bart, die fiebrigen Augen. »Soll ich dir Kräuter gegen den Husten geben?«

»Lass nur.« Das Lächeln kostete ihn Kraft. »Bist ein gutes Kind. Wie deine Mutter. Aber lass nur. Ich werd schon wieder.« Er fasste die Deichselstangen fester, stemmte sich in den Zugriemen, so stapfte er in Richtung Kleve davon.

Nach gut einer Stunde stolperte der Scherenschleifer. So, wie er fiel, blieb er liegen. Ein letztes Zucken. Die Pest hatte ihn erwürgt. Schon am Abend husteten in Liedberg die ersten Kinder. Frost und Schweiß. Dunkle Beulen brachen an Leisten und Achseln auf. Hilflos trockneten Mütter ihnen die Stirn, husteten bald selbst. Der Tod blies die blaue Pestflamme durch die Ritzen der Türen und Fenster.

»Gib uns eine Medizin. Du musst helfen«, flehten einige vor der Hütte am Dorfrand.

Elga schüttelte ratlos den Kopf. »Die Mutter hätt sicher ein Kraut gewusst. Ich, ich weiß keins.«

Unaufhaltsam griff das schwarze Fieber um sich. Wahllos entriss es den Familien hier die Mutter, dort den Vater, das Kind. Morgens und abends holperte der Karren durch die Gassen. Simon sammelte mit seinem Sohn die Toten ein und schaffte sie auf den Friedhof. Es blieb keine Zeit für ein Grab, kaum ein Gebet, nur eine tiefe Grube für alle.

Am Mittag des fünften Tages sank Gottfried neben dem Brunnen zu Boden. Schaum quoll aus seinem Mund. Adelheid fand ihn spät. Sie schrie nach dem Bauern. Gemeinsam trugen die Eltern Gottfried ins Haus. Von Angst umklammert zündete Simon eine Kerze an, betete, flehte um das Leben des einzigen Kindes. Starr saß Adelheid neben ihrem Sohn. Er starb, ohne ihr Lebwohl sagen zu können. Beim ersten Tageslicht erhob sich die hagere Frau. In den Augen stand kaltes Feuer. »Schuld hat nur eine.« Sie verließ die Kammer, mit steifen Schritten ging sie über den Hof. Als Adelheid durchs Tor ging, folgte ihr der Bauer. Er hielt seine Frau nicht zurück. So groß war der Schmerz, jetzt hatte er auch das Herz des Dorfältesten besiegt.

Adelheid riss an dem Glockenseil. Aufgeschreckt liefen die Liedberger zum Marktplatz. Wenige waren es. Kaum dreißig hatte die Pest übrig gelassen. Immer noch läutete Adelheid. »Lass sein, Frau.« Simon hielt ihren Arm fest. »Mehr sind nicht da.«

»Bis auf eine!« Hoch reckte sich die Frau. »Aber die Hex weiß schon, warum sie nicht herkommt.« Alle drängten näher. »Das Fieber hat kein Haus verschont. Warum ist die Rote nicht krank geworden? Einige von euch wollten Medizin. Warum hat sie euch keine gegeben?« Adelheid sah die Unruhe. »Ich weiß es. Wenn ihr gleich auf mich gehört hättet, dann würden eure Kinder noch leben. Auch mein Gottfried. Warum ist das Fieber über uns gekommen?« Sie streckte den Finger zum Dorfrand. »Weil die Rote es hergezaubert hat. Sie hat Schuld an unserm ganzen Unglück!«

Endlich eine Antwort auf alle verzweifelten Fragen. Immer waren sie gute Christen gewesen, jeden Sonntag hatten sie die Messe in der Schlosskirche besucht, die Heiligen um Fürbitte angefleht. Und doch war die Pest gekommen.

»Ich sage euch: Das ist die Strafe, weil wir die Teufelshure bei uns wohnen lassen. Weg muss sie. Sofort. Sonst bringt uns das Fieber alle um.«

Angst und Ohnmacht mündeten in blinden Hass. »Brennt die Hex!« Der Ruf löste den Sturm aus. Die Liedberger rannten. Reisigbündel. Eine Leiter. Stricke. Sie umstellten die Hütte am Dorfrand, traten die Tür ein. Zwei Männer zerrten Elga vom Lager, roh schleppten sie die junge Frau nach draußen.

»Habt doch Erbarmen ...« Ihr Flehen ertrank im Gebrüll.

»Brennt die Hex! Brennt die Hex!«

Sie ließen ihr nur das Hemd. Elga wehrte sich nicht mehr. Kraftlos stammelte sie: »Ich geh fort, geh fort, dahin wo's schöner ist.«

An Händen und Füßen wurde sie von den Frauen auf die Leitersprossen geschnürt. Längst war eine Öffnung ins Dach geschlagen worden. Mit »Zugleich!« stießen die Männer Leiter und Hexe von unten durch das Loch hinauf.

Als Feuer aus den Reisigbündeln schlug, Hütte und Kräuterkammer erfassten, traten die Leute atemlos zurück. Schweigen. Über ihnen schwankte die helle Gestalt.

Ehe Angst und Schmerz Elga betäubten, umhüllte sie der Geruch von Minze und herbem Salbei. Diesen Duft nach Frieden nahm sie mit.

Im Standquartier gab ein General den Befehl. Frühmorgens rückte die Kroatenabteilung aus. An der Seite des Hauptmanns ritt der einzig Überlebende, der nicht im Moor bei Liedberg umgekommen war.

»Es war eine List«, hatte er versichert. »Wir sind in eine Falle gelockt worden.« Das genügte.

»Jeder Widerstand der Bevölkerung am Niederrhein muss gestraft werden.«

Für die barbarischen Kerle war es ein willkommener Befehl.

Von allen Seiten fielen sie in das Dorf ein. Morden. Brennen. Als sie ihre Blutgier an Mensch und Tier gestillt hatten, gab es kein Leben mehr in Liedberg. Das Flammenmeer verschlang die Hütten und Häuser. Nichts blieb, nur eine Wüste aus Schutt und verkohlten Balken.

Es war ein Tag im September 1635. Der Krieg zwischen Spanien und den Niederlanden ging nun schon ins 67. Jahr. Irgendein Kroatentrupp hatte auf Befehl in der Nähe von Schloss Moyland ein Dorf zerstört.

Der Königfrosch von Menzelen

So mancher Aberglaube lässt sich
erst mit Rutenschlägen austreiben.

Der Winter war mild. Schon Anfang April füllten sich die Knospen im Xantener Land. Frisches Grün schmückte die Pappelallee von Menzelen hinüber zur Burg. Rundum roch es nach Frühling.

Allein dem großen Teich entstieg modriger Dunst. Längst hatten die Frösche wieder gehochzeitet. Zähe Laichschnüre durchzogen das Wasser, mehr noch als im vergangenen Jahr, viel mehr noch als in den drei Jahren zuvor.

Von früh bis spät standen in Menzelen jetzt die Türen offen. Das Leben drängte nach draußen. Kinder spielten hinter den Scheunen. Ungeduldiger als im Winter rutschten ihre älteren Geschwister auf der Schulbank hin und her. Lehrer Avelkamp kannte kein Erbarmen. »Mit dem O beginnt der Ofen.«

Wen kümmerte noch der Ofen? Die Sonne lachte durchs Fenster. Endlich legte Meister Avelkamp das Kreidestück aus der Hand. Erlöst stürmten seine Schüler ins Freie.

Seit dem Morgen beugten sich Mägde und Hausfrauen vor dem Dorfbrunnen über die Waschbottiche. Sie weichten ein, schrubbten, rieben und klatschten:

»Hast du gehört, die Kathrin …?«

»Nein, das glaub ich nicht …«

»Doch, ich weiß es genau …«

»Was lässt sie sich auch mit einem Fremden ein …«

»Ach, geschieht ihr ganz recht …«

Schwatzen und Lachen erfüllten den sonnigen Marktplatz. Mehr Zeit benötigte von nun an die Wäsche, dafür aber wurden Hemd und Strumpf sauberer.

Abel Avelkamp schloss das Schulzimmer ab, strich den spitzen Kinnbart und ging steifen Schritts über den Markt. Ob Frost oder Hitze, stets trug er den gleichen Rock aus dickem schwarzem Tuch. Ein kurzer Räusper. Sofort verstummten die Wäscherinnen am Brunnen.

Wer je bei Herrn Avelkamp das ABC gelernt hatte, vergaß diesen Räusper sein Lebtag nicht mehr. Er war Befehl, kaum tönte er knorzig aus der Kehle des gestrengen Mannes, dann schloss sich der Mund, ganz gleich, wie wichtig das Gespräch auch sein mochte.

Abel Avelkamp nickte knapp, und im Chor grüßten Mägde und Hausfrauen: »Einen schönen Tag noch, Herr Lehrer.«

Selbst der Pfarrer genoss nicht solchen Respekt. Betrat er das Gasthaus, er wurde gegrüßt. Öffnete aber der Schulmeister die Tür zum Schankraum, genügte der Räusper, und Stille kehrte ein. Nach seinem Gruß murmelten Handwerker, Bauern und Knechte: »Einen schönen Abend, Herr Lehrer.«

So war es Sitte im Ort, und so blieb es. Manchmal wagte ein Höfler daheim, auf diese Weise das eifrige, nicht enden wollende Palaver seiner Frau mit der Nachbarin zu unterbrechen. Ein kläglicher Versuch.

»Spiel dich nicht auf!«, schimpften beide zugleich, holten tief Luft und ließen sich nicht weiter stören.

Nach einem Junigewitter strampelten unzählige junge Frösche ans Ufer des Teiches. Zwei Tage später krochen sie allein oder in Gesellschaft der Alten durchs Schilf, über Wege und entlang der Felder.

In wahren Heerscharen hüpften bald Klein und Groß durch den feuchten Wiesengrund bis zur Pappelallee und abends wieder zurück zum Wasser. Seit Menschengedenk gab es nicht so viele Frösche in der Gegend.

Die Tatsache versetzte Menzelen in Unruhe. »Der Sommer bleibt heiß und schwül.«

Tiefe Sorgenfalten verdüsterten die Mienen der Männer. »Diesmal wird's hart.«

»Sei still. Beschwör es nicht.«

Auf dem Marktplatz und vor dem Backhaus stemmten die Frauen ihre Hände in die Hüften. Sie sprachen gleichzeitig, eine Erklärung übertönte die andere.

»Ist doch klar. Die Sonne hat neulich mehr Wasser als sonst gezogen, dabei sind die kleinen Biester mit hinauf. Beim Froschregen sind sie dann aufs Land gefallen. So ist das. Ich weiß es von meiner ...«

»Und die feinen Xantener, die haben uns ihre Frösche auch noch hergejagt. Heimlich, jawohl. Jetzt gibt's nirgendwo am Niederrhein so viele wie bei uns. Und wenn nicht bald ein Wunder geschieht, werden's im nächsten Jahr noch mehr.«

»Ich warne euch: Keine von uns darf abends noch am Spinnrad sitzen. Sonst fressen sie uns im Sommer den Flachs ab.«

»Nicht zertreten. Wehe euch. Sofort wächst auf der Zunge ein Geschwür ...«

»Das stimmt nicht. Blind wirst du. Aber wenn es nur das war. Vergesst nicht den ...« Rasch blickte sich die Frau des Bürgermeisters um. Sie winkte die Freundinnen näher. »Denkt an den großen Frosch. Den König.« Über seine Ausmaße und Gefährlichkeit bestand kein Zweifel. Der Leib bedeckte den ganzen Teichgrund. Jeder Tod eines Untertan weckte seinen Zorn. Und nicht nur das allein, selbst der kleinste Ärger genügte, um seine Wut anzustacheln. Also, von nun an war Vorsicht geboten. Große Vorsicht.

In der Schule sah Meister Avelkamp drohend von einem Kind zum anderen. »Dummes Geschwätz.« Solchen Unfug hatten die Mütter nicht bei ihm gelernt. Er hob die Kreide. »Aus gegebenem Anlass gehen wir zurück«, und malte ein großes F an die Tafel. »Mit dem F beginnt der Frosch.« Abel Avelkamp eröffnete den Schülern einen tiefen Blick in Gottes wundersame Fauna.

Seit Wochen schon dauerte das schwülheiße Wetter an. Kaum senkte sich die Dämmerung, gaben zahllose Froschchöre zu Ehren ihres Königs ein Konzert. Alles war aufgeboten, gewaltig der Einsatz, vielstimmig die Melodien. Allegro con brio: welch ein Fortissimo! Das vollmundige breite Largo, gefolgt vom nicht enden wollenden Rondo scherzando. Musik ist Ohrensache. Kunstliebhaber wissen es: Dem einen bedeutet eine Darbietung höchsten Genuss, dem anderen verursacht sie Höllenpein. Von Konzert zu Konzert wuchs die Stimmgewalt der Froschchöre. Ihr Gesang schallte nicht nur hinüber nach Menzelen, sondern drang auch bis ins Schlafgemach der Burg. »Ich finde keine Ruhe mehr«, seufzte Herrin Mathilda. »Bitte, Liebster, sorge für Abhilfe.«

Ihre Bitte war Befehl. Früh am Donnerstagmorgen schickte Vogt Bernhard nach dem Bürgermeister. »Der Lärm muss aufhören! Hat Er mich verstanden?« Eine geballte Faust. »Sonst …«

Siegbert zog den Kopf ein. Der breit gebaute Mann war Schmied und zugleich Dorfoberhaupt. Sein Menzelen lebte von der Gnade und dem Wohlwollen der Burgherrschaft. Ja, nur zu gut hatte Siegbert verstanden.

Im späten Nachmittag füllte sich die Schankstube. Ob Knecht, Bauer oder Handwerker, alle waren sie einbestellt. Kein Bier durfte ausgeschenkt werden. Höflich grüßte der Bürgermeister zum Tisch hinüber, an dem Lehrer Avelkamp und der Pfarrer saßen, dann kam er gleich zur Sache. »Es geht also wieder los«, rief er. »Wir müssen Frösche stillen!«

Wie jeden Sommer hatten die Menzeler für den ungestörten Schlaf ihrer Herrschaft Sorge zu tragen. Eine schwere Last. Sie bedeutete: bei Tag die Arbeit auf dem Feld oder in der Werkstatt, des Nachts die Wache am Teich. Alle Männer, bis auf den Pfarrer und Schulmeister Avelkamp, wer gesunde Beine hatte, der musste sich bereithalten. Trupps wurden eingeteilt. Reihum sollten sie Abend für Abend mit langen Ruten losziehen, von heute an bis über den Sommer. Zum Abschluss warnte Siegbert eindringlich: »Denkt an den großen Frosch. Wehe, ihr reizt seine Wut. Wenn der König erst einmal vom Grund aufsteigt …« Er beendete diesen Satz nicht. Was geschehen würde, wusste der Dorfälteste wie alle Anwesenden selbst nicht. Nur Schreckliches würde geschehen, dieses Wissen genügte. »Also, Leute, schlagt, aber schlagt nicht zu fest.«

Ein knorziger Räusper! Abel Avelkamp erhob sich, wartete, bis jeder ihn anblickte. Mit dem Finger drohte er dem Schmied. »Was redest du für dummes Zeug? Bei Gott, ich hätte dir in der Schule einmal mehr den Stock geben sollen.« Zornfunkelnd wandte er sich an die Versammlung. »Kleingläubige! Den großen Frosch gibt es nicht. Aberglaube, sonst nichts! Seid Ihr meiner Meinung, Hochwürden?« Er ließ dem frommen Mann keine Zeit zur Antwort. »Also, erfüllt eure Pflicht. Peitscht das Wasser, bis alle Frösche still sind.«

Kein Widerspruch, auch keine Zustimmung. Schweigend gingen die Männer nach Hause.

Ehe die Sonne im Westen versank, brach der erste Trupp auf. Ihre Ruten geschultert, postierten sich die Wächter um den Teich. Hier und da probte ein Frosch. Sie ließen ihn gewähren.

Das allabendliche große A-cappella-Konzert begann gegen neun. Nichts unternahmen die Menzeler, sie warteten, zählten geduldig, erst beim aberhundertsten Takt peitschten sie das Wasser. Jäh verstummten die Chöre. Stille rundum, gut eine halbe Stunde lang. Vom Kirchturm schlug es zehn. Kaum war der letzte Schlag verklungen, setzte das Konzert wieder ein. Die Männer zählten, ganz durften sie es mit dem Königfrosch nicht verderben. In dieser Sache gehorchten sie ihrem Bürger-, nicht dem Schulmeister. Erst nach zwei Viertelstunden störten sie mit den Ruten die Darbietung. Halb Lärm, halb Ruhe, gerecht teilten sie die Nachtstunden bis zum Morgengrauen. Übermüdet kehrte der Trupp ins Dorf zurück.

Vor den Haustüren standen die Frauen, wohl ausgeruht für neuen Klatsch: »Wenn einer Kuh das Euter schwillt, dann muss du ihr einen schwarzen Frosch aufbinden, dann ...«

»Habt ihr nichts Besseres zu tun?«, beschwerten sich die erschöpften Männer.

Im Burgsaal saß Herrin Mathilda beim Frühstück. Zwischen zwei Pastetenhäppchen mahnte sie in vorwurfsvollem Ton: »Liebster. Kaum war ich eingeschlafen, weckten mich die Frösche. Schlaf, dann Lärm, Schlaf, dann wieder Lärm. Nimm bitte Rücksicht auf meine Gesundheit.«

»Verzeih, Liebste.« Vogt Bernhard zögerte nicht. Die Zornader schwoll auf seiner Stirn. Er befahl den Bürgermeister zu sich. Hart versetzte er ihm einen Fausthieb aufs Ohr. »Hat Er nicht richtig zugehört? Ruhe soll herrschen!«

Stumm ertrug der Schmied den Schlag und die Schelte. Wie sollte er es beiden recht machen? Da gab es den großen Frosch, der wollte sein Konzert hören, da gab es die Herrschaft, die verlangte Stille. Und ich steh dazwischen. Siegbert verwünschte sein Bürgermeisteramt.

Bevor am Freitagabend der Wachtrupp loszog, schärfte er den Männern ein: »Nicht halb und halb. Überlasst eine Viertelstunde den Fröschen und sorgt drei Viertelstunden für Ruhe.«

Der Samstag brach an. Während in Menzelen die Frauen sich ausgiebig über den Liebeszauber eines von Ameisen abgenagten Froschknochens austauschten, blickte Herrin Mathilda schlafbedürftig über den Frühstückstisch. Keine gebratene Wachtel, nicht eine Trüffel rührte sie an. Sie hob die Stimme: »Bernhard!«

»Verzeih, Liebste.«

Im Burghof schlug der Vogt dem Dorfältesten auf beide Ohren. »Entweder ist Er ungehorsam oder ein Idiot. Wenn heute Nacht nicht Ruhe herrscht, werden Er und mit Ihm alle

Höfler morgen einen schwarzen Sonntag erleben. Nach der Messe werde ich Pacht und Zins heraufsetzen.«

Geduckt schlurfte Siegbert durch die Pappelallee zurück. Zwei Fallen drohten. Einen Mittelweg gab es nicht mehr. Er ballte die rechte Faust: Die Strafe des Vogts bedeutete Hunger und Not für Menzelen. Er betrachtete die linke Hand: Und was hatte sein Dorf vom Frosch zu erwarten? Siegbert rieb sich die schmerzenden Ohren. Vielleicht war alle Furcht unnötig? Vielleicht hatte Meister Avelkamp recht, der hatte schließlich den größten Verstand? Vielleicht lauerte gar kein Untier auf dem Grund?

Einsam fällte der Bürgermeister seine Entscheidung.

Gegen Abend schulterte Siegbert eine Weidenrute und zog selbst mit dem Trupp hinüber zum Teich. Die Wolkendecke hing träge, schwül war es. »Schluss mit der Rücksicht, Leute. Wir stillen die Biester bis morgen früh.«

Im Schilf, im Sumpfgras, auf Blattinseln nahmen die Froschchöre ihre Plätze ein. Gegen neun Uhr begann das c-Moll-Konzert. Der erste Satz wurde gleich beim Auftakt durch peitschende Rutenschläge unterbrochen. Der zweite Satz, auch der dritte. In dieser Nacht gab es kein Allegro con brio, kein Largo, vor allem kein nicht enden wollendes Rondo scherzando. In dieser Nacht herrschte Stille.

Der Sonntag graute. Müde, aber erleichtert befahl Siegbert den Rückzug. Nichts hatte den kostbaren Schlummer der Burgherrschaft gestört. Also blieben Pacht und Zins so wie bisher. Und der Königfrosch hatte sich weder gerührt noch für den so rüde unterbundenen Kunstgenuss gerächt.

»Glück gehabt«, brummte Siegbert. Seine Leute pflichteten ihm bei. Nebeneinander stapften sie zum Dorf hinüber. »Wird ein guter Sonntag.«

Die Gedanken eilten voraus. Daheim wollten sie rasch den Kittel gegen das gute Wams tauschen, dann rasch zur Messe, dann ins Bett und endlich schlafen, schlafen bis zum Abend. Ja, ein wohlverdienter Feiertag wartete. Zum Teich blickte keiner zurück.

Dort kräuselte sich leicht die Oberfläche. Blasen blubberten nach oben. Das Wasser hob sich. Wellen schwappten ans Ufer. Aus der Mitte stieg träge ein braungelblicher, warziger Rücken. Das Wasser triefte von ihm ab, überspülte Schilf und Weidensträucher. Höher wuchs der

Leib. Jetzt tauchte der unförmige Kopf aus dem aufgewühlten Schlamm. Nacheinander platschte der Königfrosch seine riesenhaften, vierfingrigen Hände aufs Land, zog den Rumpf nach. Mit den Beinen stemmte er sich vorwärts. Ein gurgelnder Sog saugte das trübe Wasser in den Teich zurück. Noch hielt der König die Hautdeckel über den vorgewölbten Augen geschlossen. Reglos hockte er da, bedeckte den Wiesengrund bis zur Pappelallee. Kein Grün mehr. Als wäre das Gras verdorrt. Wer nicht genau hinsah, dem fiel der Unheimliche nicht auf.

Frischgewaschen, das Haar geflochten oder glatt gescheitelt, langweilten sich Burschen und Mädchen auf dem Kirchplatz. Die Menzelerinnen standen messefein beieinander, schwarze Tücher um den Schultern, die Hauben sorgsam gesteckt, ihre Gebetbücher in den gefalteten Händen.

»Unsere Männer haben selbst Schuld. Jetzt geschieht ihnen recht.«

»Was meinst du?«

»Spiel dich nicht auf. Eine Plage ist eine Plage.«

»Nein, glaubt mir doch. Leichter hätten sie's haben können. Meine Mutter, Gott hab sie selig, hat immer gesagt: Früh am Palmsonntag muss man dreimal, ohne ein Wort zu sagen, um den Teich laufen, damit die Frösche im Sommer nicht solch einen Lärm machen.«

Der Küster zog die Glockenseile. Das Läuten rief jetzt auch die Menzeler zum Gottesdienst. Getrennt nach Jugend, Mann und Frau, wohlgeordnet füllte sich der Kirchenraum.

Vor dem Eingang trat Lehrer Avelkamp dem Bürgermeister in den Weg. »Endlich einmal hat auch bei dir der Verstand gesiegt.« Dünnes Lächeln unterstrich seinen Scherz: »So mancher Aberglaube lässt sich erst mit Rutenschlägen austreiben.«

Siegbert verstand nicht. Müde drückte er sich an dem hageren Mann vorbei. Das Geläute ging weiter. Endlich rollte der herrschaftliche Zweispänner vor das Portal. Und während Vogt Bernhard seine Gemahlin nach vorn zum Ehrenplatz führte, ließ der Küster die Glocke ausschwingen.

In diesem Moment reckte der Königfrosch das mächtige Haupt. Zugleich glitten die Hautdeckel zurück. Aus schwärzlichen Augen stierte er über die Wipfel der Pappeln zum Dorf hinüber. Seine Schallblasen blähten sich rechts und links. Mit dem letzten Glockenschlag öffnete er das Maul und stieß ein einziges furchtbares »Quak« aus. Das Maul klappte zu.

Die Zeit für Menzelen war aus dem Gleichmaß gerückt!

In der Kirche erhob sich die Gemeinde. Der Pfarrer näherte sich dem Altar. Mit ernster Miene setzte er zum Stufengebet an. Rechts und links seiner Kehle wuchsen Blasen. Kein lateinisches Wort kam über die Lippen, dafür quakte er in feierlichem Tonfall. Erstarrt blickten die Gläubigen nach vorn, vergaßen zu antworten. Vogt Bernhard berührte schützend den Arm seiner Mathilda. Die Kinder stießen sich an, feixten verstohlen. Von der ersten Bank aus beobachtete der Küster erschüttert den frommen Herrn.

In gewohnter Würde trat der Priester zur Heiligen Schrift. Keine Lesung, nur Quak und Quak, mal laut, mal eindringlich, dabei leerten und füllten sich die Blasebälge unter seinem Kinn. Im gleichen Rhythmus öffneten und schlossen die Frauen stumm die Münder.

Unruhe entstand. Blicke flohen zum Dorfoberhaupt. Empört gab Siegbert sie zurück. Was erwartet ihr von mir? Verrückt, vielleicht ist unser Pfaff verrückt geworden. Er zuckte die Achseln. Meinetwegen. Was in der Kirche geschieht, hat nichts mit meiner Amtspflicht zu tun.

Auf dem Ehrenplatz presste Herrin Mathilda die Fäuste gegen die Ohren.

Vollmundig quakte der Pfarrer weiter. Selbst Meister Avelkamps knorziger Räusper verhallte wirkungslos. Schließlich kehrte der Priester zum Altar zurück.

Aufatmend erhob sich der Küster und gab für alle den Ton vor. Rechts und links seiner Kehle blähten sich Blasen. In sonorem Bariton sang er quakend das Graduale, schien selbst nichts von der Verkümmerung seiner Aussprache zu merken, sah auch nicht den erschütterten Blick des geistlichen Herrn, war nur sichtlich empört, als niemand in seinen Gesang mit einstimmte.

Quak und Quak, damit entließ der Seelenhirte endlich die Gemeinde. Vogt Bernhard und Herrin Mathilda stürmten nach draußen, ihnen folgte die aufgewühlte Schar der Gläubigen.

Vor dem Zweispänner wartete der Burgherr. An seiner Stirn drohte die Zornader zu platzen. Die Menzeler hielten furchtsam den Atem an, bangten um Pacht und Zins. Mit einem Fingerschnippen befahl Vogt Bernhard den Bürgermeister zu sich. Tief seufzte Siegbert und gehorchte. Zwei Faustschläge trafen seine Ohren. Über dem Samtkragen des Herrn wuchsen Schallblasen. Kaum donnerte er quakend los, schluchzte hinter ihm seine Mathilda. Er riss den Kopf zur Kutschbank herum. Sie rang die Hände, ihre Augen flehten, den feingeschwungenen Lippen entrangen einige spitze Quaks. Mit einem Satz sprang der Vogt zu ihr hinauf, quakte auf sie ein. Mit jedem Laut aus seinem Mund wuchs ihre Not, mit jeder Antwort von ihr wuchs seine Ratlosigkeit. Schließlich packte Vogt Bernhard den Zügel, schrie »Quak!« und ließ die Pferde laufen, trieb sie mit Peitschenschlägen vorwärts.

Siegbert starrte dem Wagen nach. Verrückt. Erst der Pfaff, dann der Küster, jetzt auch noch die Herrschaft. Was ist das nur für ein verdammter ...? Zu mehr blieb ihm keine Zeit. Um sich herum hörte er nichts als Gequake. Mit aufgeblähten Hälsen standen sich die Frauen gegenüber. Eine beschuldigte die andere, glaubte sich verspottet, dabei quakte jede selbst aus voller Kehle. Burschen und Mädchen nahmen es leicht. Sie übten sich in der neuen Art der Verständigung, schnitten Grimassen, nahmen Gebärden zu Hilfe. Doch die Männer blickten böse, schon bedrohten sich einige mit den Fäusten.

Alle sind verrückt. Heftig rieb sich der Dorfälteste die Stirn. Oder ich bin's nur allein? Seit Tagen, auch heute hatte er vom Vogt schmerzhafte Ohrschläge einstecken müssen. Vielleicht waren sie selbst für die Ohren eines Schmieds zu hart gewesen? Siegbert sah zur Pappelallee. Entsetzen. Über den Wipfeln starrten zwei riesige schwarzfunkelnde Augbälle zum Dorf herüber. Der König! Da lauert der Königfrosch.

Meine Kinder? Wo ist meine Frau? Der gedrungene Mann drehte sich im Kreis. Von Mücken allein wird das Ungeheuer bestimmt nicht satt. Wir müssen weg, ehe der Frosch über uns herfällt.

Halt. Bleib ruhig. Siegbert zerrte an seinen Haaren, bis er endlich den Zipfel eines klaren Gedanken zu fassen bekam. Du bist der Bürgermeister. Du hast Verantwortung!

Im quakenden Gedränge suchte er nach dem einzigen Menzeler mit Verstand. Abel Avelkamp stand stocksteif und blickte zu den Pappeln hinüber. Sein spitzer Kinnbart bebte. Auch er hatte das Ungeheuer entdeckt. Vorsichtig zog ihn Siegbert am Rockärmel. »Von wegen Aberglaube. Da seht Ihr ...«

Der scharfe, knorzige Räusper unterbrach den Schmied. Abel Avelkamp drohte ihm mit dem Finger. An seinem dünnen Hals schwollen zwei Blasebälge. »Quak! Quak!«

»Ihr jetzt auch?« Siegbert schnappte nach Luft, fluchte: »Verdammt. Schluss mit dem Spaß. Wir alle sind in Gefahr ...«

Weit holte der Lehrer aus. Die Ohrfeige schallte.

Bürgermeister stecken oft genug Prügel ein, aber was zu viel ist, ist zu viel. Wild packte Siegbert die schwarzen Aufschläge und riss den hageren Avelkamp dicht an sich heran. »Wagt es nicht …« Er stockte. Etwas war fremd. Verwirrt schielte er zum eigenen Kinn. Zwei pralle Bälge. Sie drückten gegen die beiden Blasen unter dem Spitzbart des Lehrers. Auch der Schulmeister senkte die Augen. Sie begriffen zur gleichen Zeit. Ob Mann, Frau oder Kind. Jeder im Dorf dachte und sprach so wie immer, aber die anderen hörten ihn nur quaken. Sofort gab Siegbert den Lehrer frei. Bestürzt sahen sie zu den riesigen Augbällen über der Pappelallee. Kein Angriff auf Leib und Leben. Keine Zerstörung des Dorfes. Der Königfrosch hatte die Stimmen gelähmt, hatte den Menzelern nur das Quak gelassen. Eine teuflische Strafe.

Schulmeister Avelkamp nickte grimmig. Er schien zur Gegenwehr entschlossen. Kurz verständigte er sich mit Siegbert durch Handzeichen. Ehe aus der Verwirrung offener Zank oder gar Tumult wachsen konnte, scheuchten sie gemeinsam alle Bürger nach Hause. Ein knorziger Räusper verbot auch dem Pfarrer, weiter auf seinen Küster einzuquaken. Ruhe. Erst einmal musste Ruhe im Dorf herrschen.

Abel Avelkamp schritt zur Schule. Sein Fingerschnippen forderte den Schmied auf, ihm zu folgen. An die Tafel schrieb er in großen Buchstaben: JAGE DEN FROSCH IN DEN TEICH ZURÜCK!

Wie denn? Der Bürgermeister wischte sich die Stirn. Ich heiße Siegbert und nicht Siegfried. Wir sind hier in Menzelen und nicht drüben in Xanten. Außerdem ist der Frosch kein Drache. Die Zeiten haben sich eben geändert. Mutlos hockte er sich auf das Katheder.

Meister Avelkamp funkelte den Schmied an, schrieb: GEHORCHE! SONST … Blitzschnell griff er zum Stock und ließ ihn durch die Luft pfeifen.

Siegbert ballte die Fäuste, gefährlich dick schwollen seine Blasebälge, doch er besann sich, ohne Quak nickte er gehorsam. Der Schulmeister ließ den Stock sinken. Aufmunternd lächelte er dem Dorfältesten zu.

Die mit Verstand haben's leichter, dachte Siegbert, während er am nächsten Tag von Tür zu Tür ging und die sechs stärksten Männer auswählte, die denken sich was und schreiben's hin. Aber den Hals riskieren, das müssen die anderen.

Ein Schwert, zwei Lanzen, drei Dreschflegel und eine Mistgabel. Ihre Waffen kampfbereit in der Faust, verließen die Tapferen das Dorf. In sicherem Abstand folgte ihnen Abel Avelkamp. Er wollte die Schlacht beobachten, nicht aber eingreifen. Schließlich musste einer den Kopf behalten.

Stille herrschte. Links der Allee hockte reglos das mächtige Ungeheuer über dem Wiesengrund. Jeder Mann postierte sich hinter einem Pappelstamm. Siegbert nickte nach beiden Seiten. Und sie verließen ihre Deckung. Schritt für Schritt tappten sie vorwärts. Der Königfrosch senkte das riesige Haupt. Die Augbälle drehten sich hin und her. Siegbert streckte das Schwert zum Sturmangriff. Langsam hoben auch seine Mannen die Waffen.

Da schnellte die Zunge aus dem riesigen Maul, zischte über die Köpfe hinweg, zerschmetterte eine Pappel und schlappte zurück. Erstarrt standen die Höfler. Sie sahen wie die Schallblasen sich blähten. »Quak!« Vom Ton getroffen stürzten Siegbert und seine Leute rücklings zu Boden.

Der Königfrosch erhob das Haupt, reglos stierte er wieder über die Wipfel der Allee zum Dorf hinüber.

Die Tapferen wagten nicht aufzustehen, sie schoben sich auf dem Bauch davon, krochen, bis sie die Häuser von Menzelen erreicht hatten.

Mit versteinerter Miene führte der Lehrer das Dorfoberhaupt zur Schule.

DIE ERSTE SCHLACHT IST VERLOREN. ABER WIR SIND NOCH NICHT BESIEGT. Unter das NICHT setzte er einen dicken Kreidestrich.

Siegbert stieß ein bekümmertes Quaken aus. Wir können froh sein, dass er uns nicht gefressen hat. Rettung? Er griff zur Kreide, schrieb so sauber, wie es ihm möglich war: DA HILFT NICHTS.

Abel Avelkamp verhakte die Hände hinter dem Rücken. Lange ging er im Klassenzimmer auf und ab. Endlich kehrte er zur Tafel zurück. Die scharfen Augen funkelten wieder. WIR VERTREIBEN DEN FROSCH MIT SEINEN EIGENEN WAFFEN.

Siegbert presste die Lippen aufeinander. Bleib ruhig. Vom Kämpfen versteht der Neunmalkluge gar nichts. Mit den eigenen Waffen! Wie denn? Ich hab vor seinen Pranken gestanden. Gleich zwei von uns kann der mit einem Platsch zerquetschen. Und seine Zunge! Selbst der stärkste Ritter ist gegen das Ungeheuer machtlos. Nein, Herr Lehrer. Die Strafe bleibt, solang es dem König gefällt. Siegbert malte seine Meinung an die Tafel: NICHTS HILFT. WIR MÜSSEN DURCHHALTEN.

Sofort wischte Avelkamp den Satz aus, schrieb: DU KLEINGLÄUBIGER HOLZKOPF! Und nach einer Pause fügte er hinzu: KEINE WIDERREDE! MORGEN WIRD DER FROSCH VERJAGT! Siegbert zuckte nur die Achseln.

In knappen Zeilen unterrichtete Abel Avelkamp den Bürgermeister von seinem Plan. Nach dem letzten Rufzeichen widersprach Siegbert zwar nicht, dafür aber nahm er sich vor: Wenn's schiefgeht, wenn's dadurch noch schlimmer wird, dann Schulmeister, zieh ich dir eigenhändig den Rock aus, dann setzt es Prügel, bis dir die Ohren klingeln.

In den zwei langen Tagen war das Leben in Menzelen zur Qual geworden. Kein Lachen mehr. Kinder konnten nicht getröstet werden. Kein Versehen konnte zwischen den Erwachsenen mit einem entschuldigenden Wort geklärt werden. Das Misstrauen wuchs von Stunde zu Stunde.

Die Männer vermieden soweit es ging jedes Quak. Während der Arbeit gelang es ihnen, sich mit Gesten und Grimassen über das Nötigste zu verständigen. Offenen Streit gab es an diesem Abend im Gasthaus: Die Spieler blickten auf das Blatt in ihrer Hand. Statt: Achtzehn. Zwanzig. Zwei ... reizten sie sich nur mit »Quak«. Das reizte sie so sehr, dass die Karten flogen, der Tisch umfiel und die Fäuste das Übrige sprachen.

Lehrer Avelkamp sah es mit gefurchter Stirn.

Früh am nächsten Morgen trugen die Mägde und Hausfrauen ihre Waschbottiche zum Brunnen. Eine beäugte die andere. Stumm weichten sie die Kittel ein. Nicht lange ertrugen sie das Schweigen. Schon blähten sich die Blasenpaare. In diesem Moment war Lehrer Avelkamp zur Stelle. Sein knorziger Räusper erstickte das erste Gequake. Streng legte er den Finger auf die Lippen, wartete, bis sich alle Bälge tonlos geleert hatten. Mit Handzeichen forderte er die Frauen auf, ihm zu folgen, und führte sie zum Schulzimmer. Kaum war die Letzte eingetreten, als Siegbert sich draußen breitbeinig vor die geschlossene Tür stellte.

Abel Avelkamp schrieb: SETZEN!

Sie zwängten sich in die Bänke.

Dem Befehl folgten eine Erklärung und eine Frage: NUR IHR KÖNNT DAS DORF RETTEN! SEID IHR BEREIT?

Verblüffte Gesichter, dann nickten die Frauen.

ALSO RUHE!

Von nun an beobachtete der Lehrer seine Schülerinnen. Nach einiger Zeit zuckten ihre Lippen. Da und dort dehnten sich vorsichtig die Kehlblasen. Der knorzige Räusper ließ sie zusammenschrumpfen. Unerbittlich bewachte Avelkamp die Frauen. Qualvolle Stille. Drei Stunden lang. Die Menzelerinnen rutschten auf den engen Bänken. Das Nichts-Sagen-Dürfen trieb ihnen die Röte ins Gesicht. Endlich griff der Schulmeister wieder zur Kreide. ICH BIN STOLZ AUF EUCH. SEHR GUT. HALTET WEITER DURCH UND SCHWEIGT! Punkt für Punkt teilte er seinen Schülerinnen mit, welch schwerer Gang jetzt vor ihnen lag, schärfte ihnen genau das Wann und Wie ein. Mägde und Hausfrauen lächelten grimmig, jede war bereit, ihr Bestes zu geben, ging es doch um die Befreiung des Dorfes.

Der Lehrer klopfte dreimal, Siegbert öffnete die Tür und gab den Weg frei.

Seinen Rohrstock unter den Arm geklemmt, führte Abel Avelkamp die entschlossene, schweigende Armee zum Ort hinaus. Im Schutz der Pappeln ließ er nebeneinander Aufstellung nehmen. Ein knorziger Räusper. Ohne ihren Schulmeister traten die Mutigen aus dem Schatten. Sofort senkte der Königfrosch das mächtige Haupt, äugte von einer zur anderen. Rechts und links des Mauls blies er gemächlich die Schallblasen auf.

Jäh zerbrach Abel Avelkamp den Rohrstock über seinem Knie. Das Einsatzzeichen. Alle Hälse der Frauen blähten sich. Zugleich öffneten sie den Mund. »Quak!« Ein einziger Schrei. So lange angestaut, jetzt brach der Damm des Schweigens. Ein nie gehörtes Quakinferno traf den Königfrosch. Die Hautdeckel klappten über seine Augbälle. Ohne Atempause quakten die Sängerinnen, wurden lauter, schneller. Der mächtige Schädel des Ungeheuers zuckte zurück. Beben erschütterte den braungelblichen Warzenleib. Im harten Stakkato setzte der Chor dem König weiter zu. Musik ist Ohrensache. Wer das Largo, das Rondo scherzando liebt, dem wird ein Furienkonzert in forte fortissimo zur Höllenqual. Der Frosch stemmte seinen unförmigen

Rumpf mit den Hinterbeinen aufrecht, streckte sich zur vollen Größe, er überragte die Pappeln um das Zweifache. Die Schallblasen gefüllt, stieß er ein jammervolles »Quak!« zum Himmel. Kurzes Abfedern hob ihn vom Wiesengrund. In der Luft wälzte sich das Ungeheuer hintüber und stürzte mit dem Maul voran in den Teich. Wasser spritzte, Wellen schwappten gurgelnd zurück. Schwer atmend schlossen die Sängerinnen den Mund.

»Bravo!« Der Schulmeister verließ sein sicheres Versteck. »Bravissimo! Welch unnachahmliche Leistung.« Er schüttelte den Erschöpften begeistert die Hand, stolzierte auf und ab, betastete seinen dürren Hals. Keine Blasen wölbten sich. »Der Verstand hat gesiegt.« Stumm sahen ihn die Menzelerinnen an. Abel Avelkamp blieb stehen. »Oder versteht ihr mich etwa nicht?«

Sie nickten und wandten sich um. Ohne ein Wort kehrten sie ins Dorf zurück. Kinder liefen den Müttern entgegen, jubelten, plapperten, erzählten. Männer umarmten die Heldinnen, dankten, fragten. Niemand erhielt eine Antwort.

Siegbert brachte seine Frau ins Haus. »So sag doch was«, bat er entsetzt. Sie schüttelte nur den Kopf und legte sich schlafen.

Das Schweigen versetzte die Männer in ratlose Unruhe. Bedrückt saßen sie abends in der Schankstube. Erst als am nächsten Morgen ihre Frauen erfrischt und ausgeruht von der Strapaze vor dem Backhaus und am Brunnen wieder die Köpfe zusammensteckten, atmeten sie auf. Der Alltag war ins Gleichmaß zurückgekehrt.

Und kein Menzeler Handwerker, Bauer oder Knecht, sah er seine Frau mit der Nachbarin beim eifrigen, nicht enden wollenden Palaver, stöhnte je mehr: »Habt ihr nichts Besseres zu tun?«

Der Schlafkamp bei Meerbusch

Wir sind gewillt,
dem sündigen Begehren
unseres Gönners nachzugeben.

Kopfschmerz! Wer kennt ihn nicht. Diesen Peiniger, nagend, ziehend, schrill oder dumpf. Seit Jahrhunderten bis heute suchen wir nach der Ursache, fanden Erklärungen: Ein Zauberer hat das Hirn mit einem Giftstäbchen berührt. Die schwarze Galle ist in den Kopf gestiegen. Würmer sind durchs Ohr gekrochen. Aufgeklärt heißt es: Die Grippe verursacht ihn. Oder vom Nacken zieht er herauf. Und überdies: Migräne ist eine vorbestimmte Geißel.

Ein einziger Kopfschmerz aber gibt uns keine Rätsel auf, dieser Bohrende, der unbarmherzige Mahner nach einer durchzechten Nacht.

Ganz gleich, ob verschuldet oder unverschuldet, niemandem sollte Heilung verwehrt werden. Früher band sich der Geplagte eine junge Katze auf. Er ließ sich mit zerstoßenem Geierhirn bestreichen. Oft schnürte er den schmerzenden Schädel mit einem Armesünderstrick. War alles vergebens, flehte er zu ihr, der Seligen, um Linderung.

In heutiger Zeit versuchen wir es mit Eiswürfeln, hilft diese Kur nicht, gehen wir zur Apotheke, ob irgendwo, ob am Niederrhein, so natürlich auch in Meerbusch. Doch beseitigen Tablette oder Zäpfchen das Übel nicht, nehmen viele den Schmerz als schicksalgegeben hin.

Ganz anders die Bürger von Meerbusch. Wer sich erinnert, der wendet sich in seiner Pein auch vertrauensvoll an sie, an Hildegund, die Selige von Meer. Gräfin Hildegund empfand Scham und tiefen Schmerz. Ihr geliebter Sohn war im Gefolge des Kaisers Friedrich Barbarossa nach Italien gezogen. Dort vor den Toren Roms legte Dietrich leichtsinnig eine Kirche, geweiht dem hl. Laurentius, in Schutt und Asche. Jäh raffte ihn kurz darauf der Tod hinweg.

Gräfin Hildegund trauerte, sie wollte den Frevel sühnen und wie schon zuvor ihr zweitgeborener Sohn dem weltlichen Leben entsagen. Mit all ihrem Vermögen stiftete sie im prächtigen Schloss, umgeben von Wasser, ein Kloster. Es war das Jahr 1166.

»Mein Wille ist es«, schrieb sie in die Urkunde, »dass dieser Ort nicht länger Tummelplatz weltlicher Ausschweifung ist, sondern heiligen Jungfrauen und Mägden Christi eine Wohnstätte der Keuschheit bietet.«

Hildegund nahm selbst das Ordensgewand der Prämonstratenser und stellte das vornehme Frauenstift unter Aufsicht und Leitung der Klosterherren zu Steinfeld. Der Andrang war groß, von nah und fern kamen die adeligen Damen. Als Dank für ihre Aufnahme brachten sie reiche Geschenke mit, ein Stück Land, den Ertrag eines Gutes. Gegen Geld und Pfründe kauften hochwohlgeborene Eltern ihren Töchtern einen Platz im Kloster Meer. Bald schon wurde der Raum zu eng. Nur einen Steinwurf vom Schloss entfernt erweiterte Hildegund das Stift mit großzügigen Gebäuden. Die neue Kirche weihte sie dem hl. Laurentius. Um den Besitz des Klosters stetig zu mehren, vertraute die bescheidene Äbtissin dem Rat der tüchtigen Mönche. Und so wuchsen Reichtum und Ansehen von Jahr zu Jahr. Bis in den Tod blieb Hildegund ihren Mitschwestern eine strenge, doch fürsorgende Freundin. Am Morgen nach der Beisetzung lag der Leichnam außerhalb des schlichten Grabes. Die entsetzten Nonnen betteten Hildegund erneut. Doch auch beim nächsten Morgengrauen lag sie offen da. »Ein Wunder!« Die Schwestern berieten sich mit dem Prior, und während einer feierlichen Messe fand Hildegund ihre Ruhestätte vor dem Hochaltar der Klosterkirche. Bald schon ging eine heilende Kraft von der Seligen aus. Die Berührung ihres Gürtels half den Gebärenden. Vor allem aber näherten sich die mit Kopfschmerz Geplagten dem Sarg. War ihre Pein durch Krankheit verursacht oder durch unmäßigen Weingenuss, ganz gleich, berührten sie vertrauensvoll den Kamm der Erhobenen, so wurde ihnen geholfen.

Nach dem Willen der Gründerin lebten Prior und Mönche, Meisterin und Nonnen, zwar streng getrennt, doch unter einem Dach. Welch glückliche Regelung. Kloster Meer überdauerte Krieg und Not der Jahrhunderte, blühte beständig, nicht zuletzt durch die geschickte Wirtschaft der frommen Herren. Ländereien, Zinsgüter, hier ein Wald, dort ein neuer Acker.

Die Mönche handelten, bettelten und verstanden es, Verträge zum Wohle des Klosters aufzusetzen.

Jetzt im Sommer des Jahres 1499 hätte Prior Johann stolz sein dürfen. An den Weinstöcken färbten sich die Reben. Das Korn wogte. Die Rüben standen gut im Blatt. So weit das Auge sah, streifte es über klostereigenes Gebiet. Doch blickte der Prior aus dem Tor, verdüsterte sich seine Miene. Diese Viehweide, saftig und groß, direkt vor seiner Tür, sie gehörte nicht dem Kloster. »Noch nicht.« Das sagte er oft, doch diesmal lag keine große Zuversicht in der Stimme des umsichtigen Hirten. Er strich über die kreisrund ausrasierte Stelle seines Hinterkopfes. Dieses Stück Land war im Besitz der Grafen von Moers. Ehe der Vertrag unterzeichnet werden konnte, war Graf Vincenz im letzten Jahr verstorben. »Ein Unglück«, seufzte der Prior. Den gütigen, so frommen Herrn hatte er stets mühelos zu großzügigen Landgeschenken überreden können und so rund um Kloster Meer ein Stück zum andern gefügt. Mit der Weide aber wäre das Bild erst vollkommen gewesen. Doch der Tod hatte den Gönner zu früh hinweggerafft. Und der junge Graf Friedrich? Bekümmert faltete der Prior die Hände vor dem Bauch. »Ein verlorener Sohn.« Ganz anders als sein Vater suchte Friedrich das Vergnügen, tanzte auf Festen, und glaubte man den Gerüchten, ging er selbst leichtfertigen Abenteuern nicht aus dem Weg. Gott sei es geklagt, die Damen vernarrten sich schnell in den stattlichen Mann, und er genoss ihre Gunst ohne Reue.

Trotz seines Lebenswandels aber hielt Friedrich die Zügel des ererbten Vermögens straff, nach Ansicht des Priors sogar mit übertriebenem Geiz, in der Faust. Er bekümmerte sich selbst um die Belange der Fronhöfe, und führte ihn der Ritt in die Gegend, war er wie sein Vater oft Gast im Kloster Meer. Seine Geschenke nahmen sich bescheiden aus. Ein neuer Karren. Ein Fuder Holz. Kein Vergleich mit den Gaben des alten Grafen. Dafür saß Friedrich gern mit den Mönchen zusammen, ließ sich bewirten, lobte den köstlichen Wein. In vorgerückter Stunde lenkte Prior Johann behutsam das Gespräch auf die Weide draußen vor dem Tor. »Unsere Schafherde …«

»Ich bitte Euch, Vater«, wehrte der junge Graf ab. »Ihr besitzt genügend Gras. Eure Lämmer werden auch ohne meine Wiese satt.« Er hob den Becher. »Lasst uns den schönen Abend nicht verderben.«

Wie geschickt es der Prior auch anging, schweren Herzens hatte er beim letzten Besuch sogar einen weiter entfernten Acker zum Tausch geboten, bisher waren all seine Versuche gescheitert. Doch Geduld. »Gottes Wege sind unerforschlich«, flüsterte er und straffte die Kutte vor der Brust. Er wollte und durfte das Ziel nicht aufgeben.

Der Winter des Jahres 1499 kam früh. Anfang Dezember überzog eine dicke Eisschicht den großen See, Reif erstarrte das Gras der gräflichen Weide. Zwei Tage vor dem Weihnachtsfest lenkte Friedrich bei Einbruch der Dämmerung sein Pferd durchs Klostertor. »Nach Moers schaffe ich es heute nicht mehr.« Er saß ab, schlug frierend die Pelzhandschuhe gegeneinander und bat den Bruder Pförtner: »Meldet mich Eurem Prior. Ich bitte um eine warme Suppe und um ein Nachtlager.«

»Gern, Herr. Doch folgt mir.« Der Mönch führte den Gast in die Eingangshalle. An den Wänden flackerten Öllampen. »Draußen ist es zu kalt. Wartet hier.« Rasch verließ er den Empfangsraum durch die rechte Flügeltür zum Wohnbereich der geistlichen Herren.

Die steifen Glieder mussten bewegt werden. Mit sich selbst beschäftigt, ging Friedrich hin und her, hart tönte sein Schritt auf dem Steinboden.

»Gott sei mit Euch, Herr.«

Der junge Graf schreckte aus seinen Gedanken, sah für einen Moment im Lampenschein das helle, zarte Gesicht. Augen wie dunkler Samt. Unter der feingezeichneten Nase prangten Lippen, geschwungen, so voll und rot.

»Gott zum Gruß, Schwester.« Der Augenblick, der ihm noch blieb, ließ ihren schlanken Wuchs trotz des Ordenskleids erahnen.

Ohne Hast schritt die junge Nonne auf die linke Flügeltür zu. Friedrich streckte die Hände aus, folgte ihr. Dieser Gang. So sehr es ihn drängte, die schöne Gestalt festzuhalten, er bezwang sich. Ehe ihm stattdessen Worte einfielen, entschlüpfte sie, war unerreichbar im Trakt der Schwestern verschwunden.

Friedrich stand da, starrte auf die Tür. Er streifte die pelzgefütterte Kapuze zurück. Keine frostigen Hände und Füße mehr. Das Blut wallte, Wärme durchströmte den Körper. »Ich hätte … Wäre ich schneller …« Doch so sehr die Gedanken wünschten, zu spät. Die Gelegenheit war vorüber.

»Friede sei mit Euch, Herr Graf.« Lächelnd ging der Prior auf den hohen Besucher zu. »Welch eine Freude. Willkommen. Seid unser Gast.«

»Friede sei auch mit Euch«, murmelte Friedrich.

»Kommt«, lud ihn Vater Johann ein. »Kommt. Nicht nur eine warme Suppe. Ich habe unsern Bruder Küchenmeister von Eurer Ankunft unterrichtet und bin sicher, köstliche Speise und guter Wein erwarten uns.«

Abwesend ließ sich Graf Friedrich ins Refektorium führen. Kaum beteiligte er sich am Tischgespräch, kaum aß er vom gespickten Hasenbraten, doch dem jungen Wein sprach er zu, und jeder Schluck malte ihm das Bild der Jungfrau neu, schürte sein Begehren.

Das Mahl über hatte Prior Johann seinen Gast aus den Augenwinkeln beobachtet. Die Schüsseln waren abgetragen, noch zwei Becher wartete er ab, dann hielt er den rechten Zeitpunkt für gekommen. Unmerklich nickte er seinen Brüdern zu. Subprior, Kellermeister, Kämmerer und Kantor verstummten.

»Die Weihnachtszeit ist gekommen«, begann Vater Johann leicht. »Gott hat uns seinen Sohn gesandt, den Erlöser der Welt. Es ist die Zeit der Besinnung. Mit Gaben und Geschenken beweist ein jeder Christ seine Dankbarkeit.« Er ließ eine bedeutungsschwere Pause. Doch unbeteiligt sah Friedrich in seinen Becher. »Seid Ihr meiner Meinung?«

Der junge Graf kehrte zurück. »Was?« Er musste der Höflichkeit genügen. »Natürlich«, versicherte er rasch. »Der Meinung bin ich auch.«

»Wie schön.« Prior Johann wagte den zweiten Schritt. »Dieses kleine Stück Weideland ...«

»Aber, Vater!«, begehrte Friedrich auf. »Warum versucht Ihr es immer wieder aufs Neue. Ich habe ...« Ein Gedanke ließ ihn stocken. Jäh war Friedrich hellwach. »Ihr habt recht.«

Prior Johann schluckte. »So?« Sinneswandel oder Täuschung, ganz gleich, als erfahrener Pfründejäger wusste er: Das angelockte Wild ist leicht zu verschrecken. So beiläufig wie möglich fragte er: »Wir sprechen über dasselbe Stück Land? Die Weide vor unserm Klostertor?«

Friedrich zögerte nicht. »Euer Wunsch soll endlich in Erfüllung gehen. Ich bin bereit, Euch die Wiese zu überschreiben.«

»Mein Sohn.« Ein Lächeln umspielte den Mund des Priors. Er hob den Becher. »Nun tretet Ihr doch in die Fußstapfen Eures ...«

»Wartet. Ich verlange eine Gegenleistung. Nein, runzelt nicht die Stirn. Sie wird Euch nichts kosten.«

Das Lächeln breitete sich weiter aus. »Nur zu. Was es auch sei.«

Ruhig sah Friedrich von einem zum anderen. »Ich will diese Nacht mit einer der Nonnen verbringen.«

»Mein Sohn!« Der Becher fiel Vater Johann aus der Hand, das Lächeln erstarrte. Kantor, Kellermeister, Subprior und Kämmerer sprangen auf, furchtsam wichen sie zur Wand zurück.

Graf Friedrich war fest entschlossen. »Wenn nicht, dann gibt es keinen Vertrag.«

So nah am Ziel und doch unerreichbar? Nein, Prior Johann gab nicht auf. Noch nicht. »Der Wunsch befremdet, wie Ihr mir zugestehen müsst, Herr Graf. Eine Nacht. Aber mit wem? Ich ... ich glaube nicht, dass unsere ehrwürdige Meisterin zu solch einem Opfer bereit wäre.«

Verächtlich winkte Friedrich ab. »Nicht diese vertrocknete ...« Er beendete den Satz nicht, begann neu: »Vorhin, als ich in der Eingangshalle auf Euch wartete, da sah ich sie ...« Er beschrieb die junge Schwester, ihre Augen, den Mund.

»Kein Zweifel«, presste Bruder Kantor heraus: »Es ist die Novizin Cornelia. Seit einem Jahr lebt sie im Stift. Die schönste Stimme unseres Chors.«

»Cornelia.« Der Graf von Moers kostete den Klang, seine Begierde hatte einen Namen.

Erregt forderte er: »Diese Nacht will ich bei Cornelia schlafen. Entscheidet Euch rasch, Vater, sonst geht Euch die Weide ein für alle Mal verloren.«

Kein »So bedenkt doch«, kein »Ich ermahne Euch« erreichte ihn. Das Blut wallte und hatte längst jede Vernunft überspült.

Prior Johann schloss die Augen. Herr, weise du mir den rechten Weg. Heftig rieb er die nackte Stelle seines Hinterkopfs. »Nun gut, ich werde mich für Euch verwenden, werter Graf. Doch habt Geduld. Die Angelegenheit ist heikel. Zunächst muss ich mich mit der Meisterin beraten.« Er schenkte Wein nach, befahl seinen Mitbrüdern: »Vertreibt unserm Gast die Zeit. Erfreut ihn mit erbaulichen Geschichten. Ich bin bald zurück.« Schon eilte er zur Tür.

Friedrich schwenkte den Becher. »Und bringt mir meine Cornelia gleich mit.«

Während weit entfernt im Gebäude eine Glocke anschlug und die Äbtissin in die Sprechkammer rief, während Vater Johann durch das kleine Fenster sich mit Mutter Christina beriet, war im Refektorium der Kellermeister verzweifelt bemüht, den Gast zu unterhalten. Die gute Ernte? Der Besuch des Kölner Erzbischofs? Friedrich winkte ungeduldig ab, er dachte an die kommenden Stunden der Lust. Tapfer versuchte es der Bruder aufs Neue: »Ungeziefer.«

Das Wort stach. Sofort hakte der Graf nach: »Läuse? Flöhe? Ihr meint im Kloster?«

Der Kellermeister hielt den Anfang des Fadens fest. »Ja, leider. Doch nicht bei uns Prämonstratensern. Aber drüben bei den Zisterziensern im Kloster Kamp.« Ehe die Aufmerksamkeit erlosch, berichtete er von dem tapferen Ritter, der vor einigen Jahrhunderten seine Rüstung mit dem Ordensgewand getauscht hatte. Dieser Mönch nun traf einen alten Freund aus dem Ritterstand. »Bist du nicht auch das Hauen und Stechen leid? Willst du nicht entsagen und zu uns kommen?« Der Ritter seufzte. »Oft denke ich daran. Oft sehnt es mich nach Frieden, nach der klösterlichen Stille. Nur eins hält mich von dem Schritt ab.« Er wand sich, der Freund drängte, schließlich gestand der Ritter. »Es sind die Läuse und Flöhe in euren Kleidern. Dieses Wollzeug scheint eine wahre Brutstätte des Ungeziefers.« Bruder Kellermeister hielt inne, fuhr mit der Hand in die Kutte, er kratzte sich ausgiebig. Seine Mitbrüder folgten dem Beispiel. Friedrich verengte die Augen. »So also ist das. Eine Verschwörung. Ihr frommen Kerle wollt mich abschrecken. Deshalb diese Geschichte.«

»Nein, Herr«, beeilte sich der Kellermeister. »So hört doch. Der Zisterzienser gab seinem Freund zur Antwort: ›O du tapferer Ritter. In den Kämpfen für den Teufel hast du dich nicht vor Lanzen und Schwertern gefürchtet. Im Kriegsdienst für Christus fürchtest du dich vor Ungeziefer? Sollen Läuse und Flöhe dich um das Reich Gottes bringen?‹«

Graf Friedrich war auf der Hut. »Und weiter?«

»Erfolg. Die Worte überzeugten. Wenige Monate noch des Zögerns, dann legte der Ritter Helm und Schwert beiseite und trat in den Orden ein.«

»Ist das alles?«

»Nicht ganz. Nach einigen Monaten trafen sich die beiden wieder. Der Mönch von Kamp fragte: ›Wie fühlst du dich? Was ist mit deiner Furcht vor dem Ungeziefer?‹ Da lächelte der Freund. ›Glaub mir, Bruder: Und wohnten in meiner Kutte alle Läuse und Flöhe aller Mönche, sie könnten mich nicht mehr aus dem Orden herausbeißen.‹«

Schon oft hatte der Kellermeister den Mitbrüdern diese erbauliche Geschichte zum Besten gegeben, dennoch heute Abend klatschten sie wie beim ersten Mal.

Nach einer Weile lachte auch Friedrich. »Gern ziehe ich mir daraus eine Lehre!« Er trank, setzte den Becher ab. »Und versucht, Ihr Herren, mich auch mit Engelszungen oder Teufelskunst davon abzuhalten, Ihr könntet mein Verlangen nach Cornelia nicht mehr ersticken.«

Prior Johann kehrte zurück. Das Gesicht gerötet, seine Augen glitzerten. »Glaube und Gewissen wurden auf eine harte Probe gestellt. Allein, wir haben uns durchgerungen.« Damit legte er Pergament und Schreibgerät vor den Grafen hin. »Es bedurfte meiner ganzen Überzeugungskraft. Schließlich gab Eure hohe Stellung den Ausschlag. Wir sind gewillt, dem sündigen Begehren unseres Gönners nachzugeben. Auch der Vertrag ist vorbereitet.« Ungeachtet der erschrockenen Mienen seiner Untergebenen, tunkte er geschäftig den Federkiel ins Tintenfass. »Mein Sohn, Ihr müsst nur hier unterschreiben.«

Friedrich schob den Arm zur Seite, trotz des Weins vergaß er die wichtigste Regel eines Handels nicht. Ware gegen Ware. »Wo ist meine Schöne?«

»Geduld, mein Sohn. Die Braut wird hergerichtet. Mutter Christina selbst beaufsichtigt die Vorbereitungen.« Der Prior neigte sich zum Ohr des Grafen. »Ein Bad.« Er ließ die Hände schweifen. »Sie wird nach Rosenwasser duften. Das blonde Haar entflochten und gekämmt. Ihr versteht?«

Friedrich schluckte. »Verstehe.« Er netzte seine Lippen. »Und waschen. Kein Ungeziefer. Ja, das ist gut.«

»Dann unterschreibt.«

Immer noch zögerte der junge Graf von Moers.

»Mein Sohn, Euer Misstrauen kränkt mich.« Vater Johann erläuterte die Vertragspunkte. Vorweg die Verpflichtung von beiden Seiten: das Weideland für eine Nacht mit Cornelia. Und erst morgen früh die Bestätigung. »Vergesst nicht, mein Sohn. Ihr seid hier in geweihter Umgebung und nicht auf dem Pferdemarkt. Jeder Betrug liegt mir fern.«

Endlich griff Friedrich zum Federkiel. Während Vater Johann das Pergament in der Truhe verschloss, hielt es den Bruder Kantor nicht länger. »Meine schönste Stimme im Chor …«

»Schweig!« Der Prior fuhr herum, funkelte die Mitbrüder an. »Ihr solltet euch sputen. Richtet die Kammer her. Bietet unserm Gast und der Braut alle Annehmlichkeiten.« Friedrich grinste, fest strich er seine Schenkel. »Ein Liebesnest. Ja, das ist gut.«

Dem Kellermeister befahl Vater Johann zu bleiben. »Dich benötige ich hier.« Er führte Kantor, Subprior und Kämmerer zur Tür, wies sie leise in ihre Aufgaben ein und kehrte zurück.

»Uns bleibt noch eine kurze Weile, werter Graf. Zeit genug, um mit einem guten Tropfen den Vertrag zu loben.« Randvoll goss er ein. Sie tranken bis zum Grund, und Vater Johann schenkte nach, wie ein Verschwörer raunte er: »Der junge Wein hebt den Reiter aufs Pferd. Hab ich mir sagen lassen.«

»So soll es sein.« War auch die Zunge etwas schwer, Friedrich fühlte sich männlich stark, und die Vorfreude allein schon bereitete ihm Genuss.

Nein, er wollte nicht eine neue Geschichte hören. Dennoch versuchte es der Kellermeister und berichtete von dem einfältigen Laienbruder aus Kamp, dem der Teufel in Engelsgestalt weissagte: »Lerne tüchtig, denn Gott hat vorbestimmt: Du sollst dereinst Bischof von Halberstadt werden.«

Der Graf schenkte sich selbst nach. »Erzählt mir davon ein anderes Mal.«

»Aber gerade die Geschichten unseres Nachbarklosters sind so erbaulich«, versuchte Vater Johann zu locken. »Eines Nachts erschien der Versucher wieder. ›Der Bischof von Halberstadt ist gestorben. Mach dich sofort auf.‹«

Liebeshungrig blickte Friedrich zur Tür. »Wie lange muss ich noch warten?« Er wischte seine Stirn. Der Becher schien ihm zu klein, er setzte den Krug an die Lippen, Wein lief ihm übers Kinn. »Und? Ist der Kerl nun Bischof geworden?«

Entrüstet schüttelte der Kellermeister den Kopf. »Nein. Weil er würdig in Halberstadt einziehen wollte, stahl er Mantel und Pferd eines Priesters. Sie fingen ihn, er wurde verurteilt und als Dieb an den Galgen geknüpft.«

Friedrich verzog die Mundwinkel. »Das gefällt mir nicht. Und das Warten gefällt mir auch nicht.«

Leise wurde die Tür geöffnet. Der Subprior meldete: »Die Zudecke ist frisch mit Heu und Stroh gestopft.«

»Endlich.« Sofort schob der junge Graf den Stuhl zurück, war schon halb aufgestanden, schnell hielt ihn der Prior fest. »Geduld, mein Sohn. Die Kammer ist noch kalt. Mit eisigen Gliedern lässt es sich schlecht kosen. Hab ich mir sagen lassen.«

Friedrich dachte angestrengt nach, schließlich hatte er den Sinn der Worte enträtselt und sagte weinschwer: »Das könnte so sein.« Er ließ sich wieder auf den Stuhl fallen. Erst beim zweiten Versuch gelang es seiner Hand, den Weinkrug zu fassen. »Cornelia. Du Schöne.«

»Wie recht Ihr habt, mein Sohn. Trinkt. Unterdes will ich Euch mit Salomons Lied von der Jungfrau berichten.« Näher rückte Vater Johann, seine Stimme glich der eines schwärmenden Kupplers: »Cornelia, deine Augen sind wie Taubenaugen. Dein Haar ist wie eine Herde Ziegen.«

Friedrich sah ihn mit offenem Mund an. »Ziegen?«

»Nehmt einen tiefen Schluck. Wein hilft die Sprache der Bilder zu verstehen.« Der Prior tauschte den leeren gegen einen vollen Krug und schob ihn vor den Gast hin. »Cornelia, wie schön dein Gang ist. Deine Lenden stehen gleich aneinander wie zwei Spangen.«

Mit entrücktem Blick trank Friedrich.

»Dein Schoß ist wie ein runder Becher. Dein Leib wie ein Weizenhaufen, umsteckt mit Rosen. Deine zwei Brüste sind wie Rehzwillinge.«

Beseelt stimmte der Graf zu. »Das ist gut.«

»Dein Hals ist wie ein elfenbeinerner Turm. Deine Augen sind wie Teiche. Deine Nase ist wie der Turm ...«

»Nein.« Kaum vermochte Friedrich die Worte zu formen. »Von den ... von den Türmen nichts. Noch mal vom Leib.«

»Deine Brüste gleichen den Weintrauben ...«

»Falsch.« Der junge Graf stieß den Finger auf die Tafel. »Zwillinge, das sind sie.«

»Wie recht Ihr habt.« Vater Johann ließ den Trunkenen nicht aus den Augen. »Deine zwei Brüste sind wie Rehzwillinge. Dein Schoß wie ein runder Becher, dem nimmer Getränk mangelt.«

Dem Gast fielen die Lider zu. Sein schwerer Kopf sank vornüber, sank tiefer, und weil es bequemer war, wischte Friedrich den Krug beiseite und breitete sich mit dem Oberkörper über den Tisch aus.

Zur Sicherheit sprach Prior Johann weiter. »Dein Leib ist wie ein Weizenhaufen, umsteckt mit Rosen …«

Der Graf von Moers schnarchte. Behutsam stieß ihn der Prior an. Friedrich bewegte sich nicht. Jetzt sah Vater Johann zum Gewölbe des Refektoriums. »Dank, Herr. Doch bleibe auch in den folgenden Stunden bei uns.«

Viel zu laut traten der Kantor und der Kämmerer ein. »Die heißen Steine liegen unter der Zudecke …«

»Still«, warnte der Prior. Flüsternd gab er Befehl. Gemeinsam packten sie zu. An Schulter und Beinen schleppten die frommen Mönche ihren Gast aus dem Refektorium hinüber zur Kammer.

»Nur Stiefel, Mantel und Wams.« Beim Schein der Kerzen überwachte Vater Johann seine Mitbrüder. Willenlos ließ sich Friedrich helfen. Im Unterkleid wurde er auf die Bettstatt gehoben und zur Wand gedrückt. Die Wärme lud ihn ein. »Cornelia«, lallte er wohlig.

Der Prior wartete, bis das Schnarchen gleichmäßig aus der Tiefe des weichen Lagers aufstieg. Mit Handzeichen schickte er die Mönche hinaus. Draußen, im Halbdunkel des Flurs, warteten Mutter Christina und die junge Novizin.

»Tretet ein.«

Cornelia stand in der Kammer, sie rührte sich nicht. Unter der Mantelhaube blickten die großen Augen furchtsam auf den schlafenden Grafen. Bestimmt schob sie die Äbtissin näher ans Bett. »Nur Mut, mein Kind. Du dienst dem Wohle unseres Stiftes.« Cornelia fasste nach dem Zipfel der fülligen Zudecke. »Nicht so«, wisperte Vater Johann erschreckt. »Wie Gott sie schuf.«

»Nackt?« Mühsam unterdrückte Mutter Christina ihre Empörung. »Wozu? Er merkt …« Heftiges Geflüster entbrannte. Bei allen Heiligen, es durfte kein Fehler unterlaufen, der den Vertrag anfechtbar werden ließ. In Geschäften kannte sich der Prior aus. Widerstrebend gab die Meisterin nach. »Gehorche, mein Kind.«

Und Cornelia streifte die Haube zurück, weich fiel ihr langes Haar, sie nestelte an den Schlaufen, der Mantel glitt zu Boden.

Einen Atemzug lang stockte Vater Johann. »Fürchte … fürchte nichts, Tochter.« Er versicherte: »Der Wein hat den Stier längst überwältigt.«

Ein ergebener Blick zu den Klostereltern, und die junge Novizin legte sich dicht an den äußersten Rand des Lagers. Flüchtig strich ihr Äbtissin Christina übers Haar. »Vergiss dein Gebet nicht, du tapferes Kind.« Mit einem Seufzer verließ sie die Kammer.

Alles war wohl bereitet: Friedrich von Moers durfte eine Nacht mit der Erwählten verbringen. Gott ist mein Zeuge, beruhigte sich der fromme Hirte, zu mehr habe ich mich nicht verpflichtet.

Draußen in der Kälte des Flurs drängten die Worte Salomons über seine Lippen: »Dein Wuchs ist hoch wie ein Palmbaum, und deine Brüste gleichen den Weintrauben.« Er straffte den Rücken. »Und im nächsten Frühjahr grasen die Lämmer auf der Weide vor unserm Klostertor.«

Längst war es Tag. Das Licht der Dezembersonne fiel durch die schmale Fensteröffnung und weckte Friedrich. Er schlug die Augen auf, der grelle Strahl schmerzte, stöhnend wandte er das Gesicht ab. Neben ihm lag eine Schöne, die Hände gefaltet, den Blick starr zur Decke gerichtet. Lange mühten sich seine Gedanken. Dann wusste er, wo er war, wusste, wer mit ihm das Lager teilte. »Cornelia.« Ein Krächzen, mehr nicht.

»Ja, Herr?«

Sofort schwang die Kammertür einen Spaltbreit auf. Er bemerkte es nicht.

In Bruchstücken kehrte der gestrige Abend zurück. Die Begegnung in der Eingangshalle. Das Mahl im Kreise der Mönche. Was war mit dem Vertrag? Kein Zweifel, er hatte unterschrieben. Meine Weide für eine Nacht bei der Jungfrau. Diese feingezeichnete Nase, diese vollen Lippen. Mit einer müden Armbewegung zerrte er die heu- und strohgestopfte Decke beiseite. Dieser Anblick.

Ja, jedes Stück Wiese würde er hingeben. Allein die Erinnerung fehlte.

»Und haben wir?«

»Was meint Ihr, Herr?«

Ein Stück weiter öffnete sich die Tür.

Friedrich schwieg. Also nichts. Ohne Genuss schien ihm der gezahlte Preis zu hoch. Wenn nicht heute Nacht, dann jetzt. »Ich zeige dir, was ich meine.« Er sammelte alle Kräfte, mit einem schwungvollen Ruck richtete er sich auf. Friedrich schrie. Durch seinen Kopf stach ein Schmerz, schrillte, bohrte weiter. Beide Hände presste er an den Schädel.

Vater Johann war zur Stelle. »Du darfst gehen, meine Tochter.« Schnell erhob sich Cornelia, verhüllte ihre Blöße und huschte davon. Friedrich nahm es nicht wahr. Er kauerte auf dem Lager, kämpfte gegen Übelkeit, Pein marterte sein Gehirn.

»Eine warme Suppe wird Euch helfen.«

»Schweigt davon«, würgte er. »Wollt Ihr mich töten?« Aus geröteten Augen stierte er den Prior an. »Ich benötige Luft, frische Luft.«

»Gleich, werter Graf.« Ungerührt legte Vater Johann das Schreibbrett vor ihn hin. »Nur eine kleine Formalität. Setzt Euer Zeichen.«

Friedrich versuchte den Kopf zu schütteln, doch die kleinste Bewegung schürte den Schmerz. »Habt Ihr mich betrogen?«

»Bedenkt, wo Ihr seid.« Mit sanfter Entrüstung wies der Prior den Vorwurf von sich. »Ich bin, trotz schwerster Seelennot, auf den Handel eingegangen. Alle Vertragsbedingungen sind erfüllt. Allein Gottes Fügung hat Euch zu viel trinken lassen.«

Das Hören drohte den Kopf zu sprengen. »Nicht weiter. Ich fühle mich elend.« Friedrich ließ sich den Federkiel reichen.

Während Vater Johann die Tinte trocken wedelte, das wertvolle Pergament in seiner Kutte verbarg, nickte er grimmig, sein Ton aber wurde salbungsvoll: »Was jammert Ihr? Statt Euch mit ewiger Schuld zu beladen, habt Ihr, wie jeder rechte Christ zur Weihnachtszeit, durch eine schöne Gabe Eure Dankbarkeit gezeigt. Für das sündige Begehren hättet Ihr wahrlich größere Strafe verdient. Doch der Herr ist gnädig, er legt Euch zur Mahnung und Buße nur den Kopfschmerz auf. Frohlocken solltet Ihr, mein Sohn!«

»Frohlocken?«, stöhnte Friedrich. »Verschont mich mit Eurer Predigt.« Er kroch aus dem Bett. Meine Weide bin ich für immer los. Kein Gegenwert. Nur elendes Pochen im Hirn. Und dieser scheinheilige Pfaffe hat mich überlistet. Doch einen Zornausbruch wagte der junge Graf nicht, jede heftige Bewegung musste er vermeiden. So kleidete er sich wortlos unter Ächzen und Stöhnen an. Prior Johann genoss seinen Triumph nicht, der Sieg war ihm sicher, jetzt durfte er Barmherzigkeit mit dem gepeinigten Verlierer zeigen. »Mein Sohn, zur Linderung halte ich ein Pulver bereit. Kräftiges Niesen reinigt oft den Schädel.«

Schweigend stieg Friedrich in die Stiefel.

Auf dem Weg durch den Flur schlug der Prior vor: »Unsere weise Mutter Äbtissin rührt Euch gern einen Brei aus Essig und Katzendreck.«

Friedrich würgte, presste die Hand vor den Mund.

In der Eingangshalle hielt ihn Vater Johann zurück. »Euer Leid dauert mich von Herzen. Selbst da Ihr die Heilmittel verweigert, weiß ich sichere Rettung.« In seine Mundwinkel stahl sich ein frommes Lächeln. »Folgt mir zur Kirche, zum Sarkophag unserer Stifterin. Dort leistet Ihr Abbitte, sodann berührt in aller Demut den Kamm der seligen Hildegundis.«

Wenn das Herz durch Misstrauen verstockt ist, greift es nicht nach dem helfenden Halm. »Dieses Kloster und alles, was ...« Der Graf brach ab. Kein Fluch, wer ahnt, welche Strafe mich dann ereilt. Friedrich bezähmte die Wut. »Nach dem gestrigen Abend, werter Prior, sollte ich nicht ausgerechnet die Selige von Meer anrufen.«

»Mein Sohn, die Güte unserer Hildegundis ...«

»Nur eins kann mir heute helfen«, unterbrach Friedrich und zeigte auf den Bauch des Hirten. »Überlasst mir Euren Hüftstrick.«

»Gern«, immer noch lächelnd löste Vater Johann den Knoten.

Mit zittrigen Fingern wand der Graf eine Galgenschlinge, legte sie um den gepeinigten Schädel und zurrte sie fest. Er schwenkte das lose Ende in der Hand. »Wenn es wahr ist, was die Leute sagen, verehrter Prior, dann beseitigt der Strick eines armen Sünders selbst den furchtbarsten Kopfschmerz. Darauf setze ich heute. Ich danke für Euer heilsames Geschenk.«

Das Lächeln gefror.

Am Portal wandte sich Friedrich noch einmal um. »Meinem Besitz zuliebe werde ich zukünftig auf Besuche verzichten.« Damit verließ er die Halle, kroch mühsam aufs Pferd und ritt davon.

Gemessenen Schritts folgte ihm der Prior. Unter dem Torbogen sah er dem Reiter nach. »Ich diene meinem Kloster.« Das war Rechtfertigung genug. Er betrachtete die so mühselig erworbene Weide. »Schlafkamp«, nannte er sie und schmunzelte.

Mit einem Mal verdüsterte sich die Miene. Dieser Wald in der Neusser Furt! Er gehörte nicht zum Besitz seines Klosters. »Noch nicht.« Der Gedanke an das nächste Ziel verursachte Vater Johann leichtes Stechen unter der kreisrunden nackten Stelle seines Hinterkopfes. Dennoch war er getrost: Die selige Hildegund von Meer half gegen Schädelschmerz, und als erfahrener Pfründejäger vertraute er dem Wort: Gottes Wege sind unerforschlich.

Teuflisches am Niederrhein

Vorspiel im Reich des Bösen

Ein Satan gibt nicht auf.
Niemals!

Himmel und Hölle. Zwei Orte, der eine über, der andere unter der Erde. Die Gerechten stiegen auf, die Sündigen stürzten hinab. Eine verlässliche Ordnung seit dem ersten Ungehorsam im Paradies. Nach dem Opfertod Jesu Christi aber wurde die Regel immer wieder durchbrochen. Von Stund an konnten Mörder, Diebe, konnten die Sünder erlöst werden. Der Teufel und seine höllische Gemeinde fühlten sich um manch fette Beute betrogen, und sie strengten einen Prozess vor dem höchsten Thron an. Sie verlangten ihr angestammtes Recht. »Weil der Mensch, vom Schöpfer mit Weisheit beschenkt, dennoch sündigt, handelt er aus böser Absicht.« Mal beißend, mal engelszüngig führten die Anwälte des Höllenfürsten ihre Anklage. Im Schlusswort forderten sie unabwendbare Strafe für jeden Gestrauchelten.

Jungfrau Maria verteidigte das Menschengeschlecht. Leidenschaftlich hielt sie den Teufeln vor: »Ihr habt den Menschen doch erst durch eure Bosheit zur Sünde verführt!« Sie bat um Gnade und Vergebung. »... auf dass der Mensch, wenn er bereut, in die ewige Freude eingeht.«

Am Ostertag rief Engel Gabriel mit seiner erzenen Posaune beide Parteien zur Urteilsverkündung. Gespanntes Warten. Keine Berufung konnte eingelegt werden. Der Spruch des obersten Gerichts war endgültig. Mit erheblicher Verspätung nahm der Höchste Richter auf dem göttlichen Thron Platz. »Wir erkennen und erklären das Menschengeschlecht von der Klage und Forderung der Anwälte der höllischen Bosheit für ledig.« Es folgten noch einige Sätze der Begründung, dann wurde die Stimme scharf: »Wir gebieten unseren Engeln und himmlischen Dienern, die Anwälte des Teufels sofort von unserem Richterstuhl zu entfernen. Stoßt sie wieder hinab zu den anderen Ewigverdammten der Hölle.«

Der Prozess war verloren. Zurück im Reich des Bösen bemäntelten die Advokaten kleinlaut ihre Niederlage. »Bestechung. Heimliche Absprachen.«

Der Höllenfürst schlug ihnen aufs Maul. »Der Alte da oben lässt sich auf keine Tricks ein. So gut kenn ich ihn. Nein, ihr Kerle habt alles verpatzt.« Im ersten Zorn ließ er die Versager mit glühenden Haken an der Zunge aufhängen.

Endlich, nach einigem Heulen und Zähneknirschen, fügte sich der Teufel. »Also gut. Das Urteil steht fest. In die Berufung kann ich nicht gehen.« Er schabte die rechte Klaue langsam über den haarigen Nasenhöcker. »Aber der Himmel soll mich kennenlernen.«

Bisher hatte er seinen Seelenfang hauptsächlich bei den Gewitzten, den Schlauen und Studierten betrieben. Mit gutem Erfolg. Für einen Moment kamen dem Höllenfürsten auch seine zurückliegenden kläglichen Versuche in den Sinn. Christus, der wollte nicht vom Felsen springen, nicht Steine in Brot verwandeln. »Na und?« Beim Sohn des Alten zu scheitern war keine Schande. Auch einige Standfeste in jüngerer Zeit hatten ihn zum … Er seufzte bitter. »Als wenn ich's nicht selbst gewesen wär.« Zugegeben, sie hatten ihn weggejagt. »Konnte ja nicht ahnen, dass es Heilige waren. Das stellt sich ja bekanntlich erst nachher raus.«

Sonst aber macht Verstand anfällig für Sünde. Und das bedeutete einen gesicherten Ertrag. Doch seit Einführung dieser verdammten Reue hatte das Fanggeschäft erschreckend abgenommen. Er musste sein Betätigungsfeld erweitern. »Wenn die da oben mir meine fetten Sünder wegschnappen, dann werde ich mich an die Dummen, die Bauerntölpel und Handwerker heranmachen. Pest und Schwefel! Das kann der Allmächtige mir nicht verübeln. Er hat schließlich mit dem Durcheinander angefangen.« Sein Entschluss stand fest: Von jetzt an sollten es auch die kleinen einfältigen Frommen sein, diese Seelen wollte er dem Himmel abjagen.

Für das neue Projekt wählte er unter seinen Höllenbuben nur die Tüchtigsten aus. Sie wurden gezielt in den verschiedensten Städten und Regionen eingesetzt. Trotz harter Fortbildungskurse, trotz Bereitstellung hoher Geldmittel blieb der Erfolg weit hinter den Erwartungen des Oberteufels zurück. Nach wie vor wurden mehr Sünder gerettet als fromme Seelen eingefangen.

»Ihr elenden Versager! Faule Brut!«, fluchte er bei den regelmäßig einberufenen Hauptversammlungen im Nobiskrug, dem Gasthaus zwischen Vor- und Haupthölle. So sehr der Fürst auch tobte, mit den Klauen die glühende Tischplatte zerkratzte, das Gleichgewicht konnte und konnte nicht hergestellt werden. Wütend starrte er auf die bisher heimgesuchten Gebiete. Köln? Verdammte ersten Grades erhielt er aus der Stadt genügend, aber er wollte die Einfältigen. Doch da gab's zu viele Kirchen, zu viele Kreuze, zu viele Pfaffen.

Nordeifel und entlang der Erft bis zur Mündung? Die Leute dort fügten sich gläubig in ihr Schicksal, kaum jemand hatte sich verlocken lassen.

Und im Bergischen Land? Seine Unterteufel beklagten vor allem das Dickköpfige der Bewohner.

»Ein Satan gibt nicht auf. Niemals.« Diesen Wahlspruch liebte er und hämmerte ihn lautstark in die Schädel seiner Höllenbuben. »Wir nehmen uns die nächste Gegend vor.«

Nachdenklich besah sich der Oberste aller Versucher den Niederrhein. Kleve, Goch, Xanten. Wesel und Duisburg. Venlo und Krefeld. Die vielen kleinen Orte, die abseits gelegenen Gehöfte. Je länger er die Menschen dort betrachtete, umso gieriger leuchtete das Feuer in seinen Augen. »Obwohl die Zweibeiner sich redlich abstrampeln, gut leben sie nicht. Müsste doch mit dem Himmel zugehen, wenn wir da nicht mit schönen Worten und ein paar Goldstücken gleich fuderweise Seelen für unsere Siedekessel einfangen.«

Er griff nach dem rot glühenden Krug. »Kein Pardon, meine Buben, bewegt den Huf, schnappt euch den Niederrhein.« Vorfreude auf Erfolg macht durstig, ohne abzusetzen goss er sich das kochende Bier in den Rachen. Der Höllenfürst stand auf. Ein Pfiff. Seine vier schwarzen Riesenpudel hechelten um ihn herum. Ehe er den Schankraum des Nobiskrugs verließ, warnte er die Seelenfangtruppe. »Beim nächsten Treffen gibt's nur Erfolgsmeldungen. Sonst könnt ihr wieder Öfen stochern. Schwarze Zahlen will ich sehen, dass der Himmel rot wird!« Er stieß Schwefeldampf aus den Nüstern und brüllte: »Habt ihr mich verstanden?« Seine Unterteufel duckten die Schädel, selbst die Vipern und Schlangen an den Wänden ringelten sich erschreckt zusammen.

Der Befehl war klar und eindeutig. Jetzt musste er nur noch ausgeführt werden. So vermaledeit wie in den anderen Gegenden schien es diesmal wirklich nicht zu sein. Die schwer arbeitenden Menschen am Niederrhein ahnten nichts von der drohenden Gefahr. Sie wussten nicht, dass unsichtbar die teuflische Rotte sie Tag und Nacht belauerte, belauschte und nur nach einer Gelegenheit suchte, ins Seelengeschäft einzusteigen ...

Vom Beutezug in Kempen

Lass den Himmel aus dem Spiel,
du blöde Gans!

Eine Näherin saß tiefgebeugt über dem neuen Sonntagsrock ihres Herrn. Bis zur Nacht musste er fertig sein, morgen beim Kirchgang wollte der Bauer ihn tragen. Die Arbeit ging ihr langsam von der Hand. Näher rückte sie ans Fenster. Draußen sank die Sonne. »Den Ärmel muss ich noch einsetzen«, seufzte sie beunruhigt. »Dann noch den Knopf. Dann hab ich's geschafft.«

Die Magd dehnte den schmerzenden Rücken und zündete eine Kerze an. Beim flackernden Licht versuchte sie, den Zwirn einzufädeln. Es gelang nicht. Sie stöhnte, leckte das Fadenende, traf aber die Öse nicht. Ein neuer Versuch. Vergeblich. Wieder und wieder. Ohne Erfolg. In ihrer Ungeduld fluchte sie: »Da soll doch der Teufel reinfahren!« Kaum hatte sie ausgesprochen, glitt der Zwirn wie von selbst durchs Nadelöhr.

»Na, wurd auch Zeit.«

Den Kerl mit der Krähenfeder an der schwarzen Kappe, der bei ihrem Fluch lautlos durch die Zimmerwand eingetreten war und jetzt hinter ihr stand, den bemerkte sie nicht.

Erleichtert passte die Näherin den Rockärmel ein, sorgfältig legte sie Saum auf Saum. Der erste Nadelstich fuhr durch den Stoff in ihren Finger. Sie schrie erschreckt, wollte das Blut abwischen, doch der Rock blieb wie angeklebt in ihren Händen. »Ich säuber ihn nachher«, flüsterte sie, zog den Faden und senkte die Nadelspitze. Der zweite Stich traf wieder ihren Finger. Auch der dritte. »Was ist nur?« So behutsam sie auch die Nadel führte, erst stach sie sich ins Fleisch, dann konnte sie den Faden ziehen. Der Schmerz nahm zu, helle Tränen tropften auf den Stoff. Der Kerl hinter ihr feixte. Die Nadel gehorchte seinem fünfgliedrigen Finger. Er bog ihn nach unten, hackte zu und ließ ihn nach oben steigen, bog ihn wieder nach unten, beim Stich wimmerte die Näherin, so ging es weiter, und der Satansbube hatte seinen teuflischen Spaß. Neben der Kerze lag der schützende Fingerhut. Die Magd griff danach, doch ihre Hände blieben an Stoff und Nadel gebannt.

Schneller ließ der Teufel jetzt den Finger auf und ab wippen, nadelte die Stiche in ihren Unterarm. Die Gequälte schluchzte laut. Das genügte dem Versucher nicht. »Fluchen sollst du«, flüsterte er seinem Opfer ein. »Schöne Flüche will ich hören.« Doch sie rief in höchster Angst: »Heilige Mutter Gottes, erbarm dich.«

Angeekelt verzog der Bube das Gesicht. »Lass den Himmel aus dem Spiel, du blöde Gans.« Zur Strafe hackte er nun die Spitze bei jedem Stich abwechselnd in den Schenkel, den Arm und in die Hand. Die Magd heulte. Endlich saß der Ärmel fest am Wams. »Nur noch ...« Vorsichtig streckte sie die blutige Hand aus. Den vierlöchrigen Knopf durfte sie nehmen, nicht den Fingerhut. Trotz Zittern gelang es ihr, ohne Mühe den neuen Faden einzufädeln. Sie nahm Maß und legte den Knopf auf die rechte Wamsseite.

Der Kerl in ihrem Rücken fletschte genüsslich die Zähne. »Gleich hab ich dich. Dein erster Fluch genügt mir schon, aber doppelt genäht hält besser.« Er senkte die Hand und streckte den behaarten Mittelfinger steil nach oben.

Von unsichtbarer Kraft geführt hatte die Magd ihre Nadel unter dem Stoff angesetzt. Die Spitze glitt durchs erste der vier runden Löcher. Sie griff nach dem blutbeschmierten dünnen Schaft und zog. Erst langsam, so wie sie es wollte, doch dann ein Ruck. Die Nadel steckte in ihrer Wange. »Nein!«, schrie sie. »Ja, Himmel, Herr ...«

»Weiter. Ich will's hören«, drängte der Böse tonlos.

Sie presste die Lippen aufeinander, führte Nadel und Faden von oben durchs gegenüberliegende Loch. Den neuen Schmerz ertrug sie unter Tränen. »Noch zweimal. Nur noch zweimal.« Die scharfe Spitze erschien aus dem dritten Loch, verletzte sie am Kinn. »Bei allen

Heiligen ...«, stöhnte sie und stach über Kreuz ins vierte, letzte Loch. Nichts geschah. Ohne Ritzer, ohne Stich zog sie den Zwirn fest, wickelte den Knopfhals. Der Spuk schien vorbei. Trotz der Pein seufzte sie aus tiefer Brust: »Dem Himmel sei Dank.«

Der Kerl mit der Krähenfeder am schwarzen Hut starrte auf das Fadenkreuz. »Da näht die blöde Gans ein Kreuz, und ich hab's nicht verhindert.« Er biss sich auf den fünfgliedrigen Finger. »Bei allen Schlangen. Wenn das mein Höllenfürst erfährt.« Er drehte sich um. »Verdammt und zugenäht!« Mit einem Satz sprang er lautlos durch die Wand davon.

»Was war nur?« Ratlos besah sich die Ahnungslose ihre zerstochenen Finger, die Arme, betastete das wunde Gesicht. Sie rümpfte die Nase. »Und wie's hier stinkt!« Weit öffnete sie das Fenster. »Besser ich leg mich. Ehe mir noch was zustößt.«

Im Bett sprach sie wie allabendlich ihr Gebet und durfte in himmlischer Obhut schlafen.

Vom Beutezug in Wesel und Büderich

Du Pechstinker wirst mir
morgen einen Vogel zeigen,
den ich noch nie gesehen habe.

Während der Kirchweih in Wesel hatte Heinrich seine Liesbeth kennengelernt. Flöte und Geige spielten auf. Er drehte sie beim Tanz, verliebte sich in ihre Augen, in ihr Lachen. Später saßen sie eng beieinander und schwiegen lange. Endlich sagte er: »Ich komm von der anderen Rheinseite. Von Büderich.«

»Ich wohn hier bei den Eltern. Gleich hinterm Dom.«

Heinrich verdiente sein Brot als Schustergeselle. Liesbeth war die Tochter des Kantors der großen Willibrordus-Kirche.

Nach zwei Monaten wollten es beide. Sie legten das leichte Wams des Verliebtseins ab. Er fragte, und Liesbeth versicherte: »Ja, Heinrich. Für immer und ewig.« Beim Kuss schien die

Zukunft offen und so einfach, doch als sie zu Atem kamen, blickte Liesbeth mit einem Mal bekümmert. »Du musst die Eltern fragen.«

»Sei unbesorgt.« Heinrich drückte sie an sich. »Wir lieben uns. Nur das zählt.«

Doch dem Kantor war es nicht genug. Glück kostet viel. Liebe wird erst zum Eheglück, wenn sie mit Taler und Heller aufgewogen wird.

»Ein armer Schustergeselle?«

»Ich bin tüchtig, war fünf Jahre auf Wanderschaft und bin losgesprochen.« Stolz zeigte er seinen Gesellenbrief.

Der Vater verschränkte die Arme vor der Brust. »Und wann erwirbst du die Meisterschaft?«

»Bald. Wenn ich genug Geld gespart hab. Die Prüfmeister kosten, auch das Festessen für die ehrenwerte Schustergilde.«

»Und was ist mit einer eigenen Werkstatt?«

»Die ist noch zu teuer. Mein Vater war kein Schuster.«

»Hast du wenigstens ein Haus? Oder glaubst du, mein Kind soll zeit seines Lebens mit dir in irgendeinem Loch hausen?«

Heinrich gab nicht auf. »Ich bin fleißig. Es wird schon werden.«

Kühl wies der Kantor ihm die Tür. »Was nutzt dem Spielmann der Bogen, wenn die Geige fehlt. Einem Hungerleider, der mit der Kiepe auf dem Rücken durchs Land zieht, einem Flickschuster gebe ich die Hand meiner Tochter nicht. Erst der Meisterbrief, ein Haus mit Werkstatt, dann darfst du wieder anklopfen.«

Liesbeth hatte am Türspalt gelauscht. Schluchzend verabschiedete sie den Liebsten. »Zwischen uns bleibt alles so, wie es ist. Ich schwöre es.«

»Das verdammte Geld. Wenn ich genug hätte, dann wär ich längst Meister. Dann könnten wir ...« Heinrich seufzte schwer. Träume reichten nicht aus. Wie ein riesiger Berg stand die Wirklichkeit vor ihrem Glück. Kaum gelang ihm ein Lächeln für Liesbeth. »Nicht weinen. Ich muss nachdenken. Vielleicht fällt mir was ein.«

Das breite Boot lag noch am Ufersteg. Den Kopf gesenkt stand Heinrich zwischen Marktfrauen und Bauern. Gerade befahl der Fährmann seinem Ruderknecht, das Tau zu lösen, da sprang ein vornehm gekleideter Herr im schwarzen Umhang mit einem eleganten Satz noch an Bord.

»Das nenn ich Glück«, lachte er und zahlte großzügig ein Silberstück für die Überfahrt.

»Ist zu viel«, brummte der Fährmann.

»Ach was, mein Guter. Nimm nur, ich hab genug.« Der Fremde warf den prallen Beutel von einer Hand in die andere, bevor er ihn zurücksteckte.

Neidvoll hatte es Heinrich mit angesehen. Der hat zu viel, und ich hab zu wenig. Reich und arm. Wie ungerecht doch das Geld verteilt war.

»Warum so bedrückt?« Der Feingekleidete schob sich näher.

»Lasst nur, Herr.« Damit drehte ihm Heinrich den Rücken zu.

Am Büdericher Ufer starrte er zur Stadtmauer. Das Mittagsläuten schwang herüber. Nein, er wollte noch nicht nach Haus, zurück in die enge Kammer unterm Dach seines Meisters. Heinrich stapfte ein Stück rheinabwärts, verloren hockte er sich auf einen großen Kiesel und ließ die Gedanken mit den Wellen ziehen. Die Glocke schwieg.

»Ich weiß, welcher Schuh dich drückt.«

Heinrich hatte den Fremden nicht kommen hören. Wie aus dem Nichts stand er vor ihm, schlug seinen Umhang leicht zurück und hakte die Daumen in den Gürtel.

»Geht, Herr. Ich hab Sorgen genug.«

»Bei allen schwarzen Pudeln«, entrüstete sich der Feine. »Da geb ich mir Mühe, will dir helfen, und du schickst mich weg.«

»Was wisst Ihr denn schon?«

»Alles weiß ich von dir. Ein trauriges Vögelchen hat mir sein Leid geklagt. Ja, schau nicht so misstrauisch. Ich kenne alle Vögel am Niederrhein, die mit und vor allem die ohne Flügel. Mir entgeht nichts, mein Freund.«

»Lasst mich.« Zum ersten Mal sah Heinrich dem Fremden ins Gesicht. Ein gestutzter Lippenbart unter der hakigen Nase und darüber diese Augen, das Schwarz glühte aus roten Rändern. Dem Schustergesellen wurde der Mund trocken. »Wer hat Euch was gesagt, Herr?«

»Na, dein Liebchen, du dummer Kerl. Die Liesbeth, das Töchterchen dieses Musikus, an dem …« Er verzog die Mundwinkel, malte mit den Fingern eine Kirche. »Na, du weißt schon.«

»Am Willibrordus-Dom.«

»Richtig. Den Namen will ich mir nicht merken. Damit verbinde ich nur schlechte Erinnerungen. Wenn du verstehst.«

»Gar nichts begreif ich mehr.« Heinrich ballte die Faust. »Zum Teufel!«

»Du bist schon nah dran, mein Freund.« Geschmeidig schob sich der Fremde an den Kiesel. »Schluss mit dem Palaver. Du benötigst Geld. Ich gebe dir so viel du willst. Genug für die Meisterprüfung, genug für eine Werkstatt, genug für die Hochzeit, und wenn du magst, dazu noch mehr als genug.« Zum Beweis zückte er den prallen Beutel, ließ ihn auf- und abwippen. Die Münzen klimperten.

»Das riecht faul«, murmelte der Schustergeselle, konnte aber den Blick nicht abwenden.

»Ich verbitte mir jede Beleidigung!« Gleich wieder freundlich fuhr der Feine fort: »Denke an das unglückliche Vögelchen. Lass mich dir helfen.«

Keiner schenkt einfach so das Geld her, schon gar nicht ein reicher Mann. »Wen soll ich dafür umbringen?«

»Langsam, langsam.« Vergnügtes Kichern. »So unbescheiden will ich nicht sein. Nur eine winzige Gegenleistung. Sagen wir ...« Er rechnete. »Zehn. Ja, weil du es bist, sagen wir, erst nach zehn Jahren komme ich wieder und hol mir deine Seele.« Damit stemmte er seinen linken Fuß gegen den Kiesel.

Heinrich erschrak. Ein fachkundiger Blick genügte. Der rechte Stiefel war elegant und schmal, der linke gleich vor ihm war für einen klumpigen Fuß geschustert. »Ihr seid der ...«

»Still.« Der Höllenbube schnalzte die Zunge: »Du bist schlau, mein Freund. Na und? So schlecht sind wir nicht, wie die Pfaffen es euch Menschen weismachen. Vom Himmel erhältst du gar nichts. Mit meinen Goldstücken aber kannst du dein Vögelchen bald ins Hochzeitsnest tragen.«

Da schaukelte das Glück vor seiner Nase. Nehm ich's nicht, bleib ich ewig Geselle. Jäh befiel Angst das Herz. Irgendwann verheiratet der geldgierige Kantor meine Liesbeth an einen Ratsherrn oder an irgendeinen dieser reichen Kaufleute, davon gibt's in Wesel genug. Niemals, das würd ich nicht überleben. Lieber ersäuf ich mich gleich im Rhein. Zehn lange, schöne Jahre mit Liesbeth! Dafür wollte Heinrich seine Seele verpfänden. »Einverstanden.«

Ein kräftiger Handschlag besiegelte den Pakt.

»Wie schön, wie schön.« Trotz seines Klumpfußes federte der Unterteufel hoch in die Luft, schnappte dreimal zu und stand mit drei bis unter die Schlaufen gefüllten Lederbeuteln vor dem Schustergesellen. »Da nimm. Und wenn nicht, sag nur ‚Mehr' und schon gibt es mehr.«

»Wird schon reichen.«

»Warte nur ab, mein Freund. Der Hunger wächst beim Essen.« Die teuflischen Augen glühten. »Abgemacht, Partner. In zehn Jahren, zur selben Stunde bist du hier am Rheinufer.« Gefährlich sanft setzte er hinzu: »Wenn nicht, besuche ich dich in deinem Haus. Erst rupfe ich dir jeden Zahn, dann schleife ich dich an den Zehen hinter mir her. Verstanden?«

Heinrich presste den Goldschatz an sich, seine Gedanken bauten ein geräumiges Haus mit Schusterwerkstatt, sie trugen Liesbeth über den Rhein nach Büderich.

»Hast du mich verstanden?«, fragte der Satansbube scharf.

»Ja, ja. Werd pünktlich sein.« Heinrich sah auf. Er war allein. Mit einem Satz sprang er vom Kiesel. »Zehn Jahre sind eine Ewigkeit«, flüsterte er. »Was kümmert mich jetzt schon der Zahltag.«

Der Schustergeselle ging sparsam mit seinem Reichtum um, kein Nachbar wurde neidisch. Unter strenger Aufsicht fertigte er in acht Tagen zwei Paar Schuhe, zwei Paar Stiefel als Meisterstück, entlohnte die Herren Prüfer. Wie es Pflicht war, lud er alle Meister der Weseler Schustergilde nebst Frauen und samt ihrer vielköpfigen Kinderschar zum üppigen Festschmaus ein. Wenige Wochen später erwarb Heinrich ein Haus gleich am Büdericher Marktplatz und richtete seine Werkstatt ein.

»Woher nimmst du nur das viele Geld?«, fragte Liesbeth bang.

»Ich hab es geliehen«, antwortete er. »Wenn du mich liebst, frag nicht weiter.«

Und weil sie ihn über alles liebte, schwieg sie. Jetzt empfing der Kantor den zahlungskräftigen Bräutigam mit offenen Armen. Die Glocken des Willibrordus-Doms läuteten. Vor dem Portal fühlte sich Heinrich von einer unsichtbaren Kralle zurückgehalten. Er ruckte, riss sich los und stolperte in den geweihten Raum. An seinem Hochzeitswams fehlte ein faustgroßes Stück Stoff. Liesbeth zitterte.

»Kümmer dich nicht drum«, flüsterte er.

Doch erst der helle Gesang des Knabenchors wischte die Sorgenfalte von ihrer Stirn.

Sein Fleiß brachte Heinrich gute Kundschaft. Das Geschäft erblühte von Monat zu Monat. Im Jahr nach der Hochzeit schenkte die Liebe dem jungen Paar einen gesunden Sohn. Der kleine Peter krähte, aß tüchtig, bald schon tappte er, in weichen Sandalen vom Vater geschustert, an der Hand seiner Mutter über den Büdericher Markt.

So wie Leid sich bleiern von Tag zu Tag schleppt, so eilt das Glück auf Flügeln dahin. Rasch vergeht die Zeit. Am neunten Geburtstag seines Sohnes erinnerte sich Heinrich voller Entsetzen: »In einem Monat geht das zehnte Jahr zu Ende.« Bis jetzt hatte er seiner Liesbeth nichts von dem Teufelspakt erzählt, wollte auch weiterschweigen bis zuletzt. Doch sie liebte ihren Mann, seine Not entging ihr nicht. Nacht für Nacht wälzte er sich im Bett ruhelos hin und her.

»Was bedrückt dich?«

»Lass nur.«

»Nein, Heinrich. Vertrau mir doch. Geteilt trägt sich alles leichter.«

Ihr fester Blick durchbrach den Damm, unter Tränen berichtete er, womit das Glück erkauft war. Verzweifelt schlug er die Hände vors Gesicht.

Lange starrte sie vor sich hin. »Nun weiß ich erst, wie sehr du mich liebst. Deine Seele hast du verpfändet, nur um zehn Jahre mit mir glücklich zu sein. Ach, Heinrich, es darf nicht aufhören. Wie sollen denn Peter und ich weiterleben? Ohne dich?«

»Für euch sorg ich noch. Aber für mich gibt es keine Rettung.«

Liesbeth straffte den Rücken. »So grausam kann selbst der Teufel nicht sein. Handel mit ihm. Verkauf dem Kerl meine Seele für die nächsten zehn Jahre.«

»Niemals.« Er verbot Liesbeth, auch nur daran zu denken. Einen Handel wollte er versuchen, aber nicht sie und den Sohn ums Himmelreich bringen.

In der letzten Woche, die ihm blieb, ordnete Heinrich sein Geschäft. Den beiden Gesellen teilte er mit: »Ich werde bald verreisen. Wie lange, weiß ich nicht.« Er wies ihnen Arbeit zu. »In allem gehorcht ihr der Meisterin.« Sie hatten verstanden und fragten nicht weiter.

Jeden Abend, wenn die Werkstatt längst aufgeräumt und gefegt war, kehrte er noch einmal zurück. »Mehr!«, rief er. Sofort erschien der Teufel als feiner Herr gekleidet und stellte wortlos einen Dukatenbeutel vor den Schuster hin. Beutel für Beutel versteckte Heinrich in der Truhe. Mit diesem Reichtum sollten Frau und Kind auch ohne ihn ein sorgloses Leben führen. Am Vorabend fasste sich der Unglückliche ein Herz: »Ich muss mit Euch reden.«

Da grinste der Höllenbube: »Verschieb es auf morgen, mein Freund. Vielleicht lass' ich dir noch ein paar Worte.« Vergnügt kreiselte er seinen Federhut auf dem Finger. »Ach, ich liebe es, wenn meine Opfer mich anbetteln. Also sei pünktlich.«

Der Abschied war schwer. Heinrich küsste den Sohn, riss sich von Liesbeth los und stapfte zum Rhein. Nebelbänke hingen tief über dem Ufer. Der große Kiesel glänzte nass. Von Büderich her tönte dünn das Mittagsläuten. Heinrich sah den schwappenden Wellen zu. Die Glocke schwieg.

»Sogar früher.« Feixend saß der Satan auf dem Stein. »Das gefällt mir. Die meisten kommen zu spät. Und dann schnapp ich sie mir ohne Federlesen.« Er legte das linke über das rechte Bein und schaukelte den Klumpfuß. »Fang an. Ich höre. Je schöner du bettelst, umso mehr Zeit geb ich dir.«

Wenn es vorbei sein soll, dann soll es auch schnell vorbei sein. Heinrich schüttelte den Kopf. Gejammer bereitet diesem Kerl nur Spaß, meiner Seele nutzt das gar nichts. »Ich verlange eine Chance.«

Dem Feinen blieb der Mund offen. »Wieso? Vertrag ist Vertrag.«

Heinrich setzte alles auf eine Karte. »Nein, das war kein fairer Handel. Betrogen habt Ihr mich.« Verächtlich spuckte er aus. »Aber so seid Ihr Herren Teufel nun mal. Was die Pfaffen über Euch erzählen, stimmt.«

»Moment, Moment.« Aufgebracht stieß der Höllenbube den klumpigen Stiefel gegen den Stein. »Das, das lass' ich mir nicht nachsagen, schon gar nicht von einem ...«

»Ach, schweigt, Herr, und nehmt mich mit.« Tapfer streckte ihm Heinrich die Hände hin. »Aber eins weiß ich, meine Seele ist mehr wert als die lumpigen Beutel, die Ihr dafür gezahlt habt.«

Der Teufel sprang vom Kiesel, sein Lippenbart zuckte. »Beleidigen lass' ich mich nicht. Du willst eine Chance? Meinetwegen.«

Schnell ergriff Heinrich den Rettungszipfel. »Gebt mir noch zehn Jahre. Das wär ein angemessener Preis. Und ich red kein schlechtes Wort mehr über Euch.«

In gekränktem Stolz rümpfte der Höllenbube die Nase. »Was glaubst du wohl, wen du vor dir hast. Ich bin doch kein Engel. Nein, Schlaukopf, ehe ich dir was schenke, heize ich lieber die Öfen bei uns unten in der Hölle. Du behauptest, deine Seele wäre mehr wert. Na gut, ich lass mit mir reden.« Die Bosheit glühte aus seinen Augen. »Ich biete dir eine Wette. Alles oder nichts.«

Heinrich schluckte. Wer hatte schon je gegen den Teufel gewonnen? Allein, ihm blieb keine Wahl. »Einverstanden.«

»Wie schön, wie schön. Das wird ein Spaß.« Auf dem Klumpfuß vollführte der Feine eine blitzschnelle Drehung, schnupperte nach den Nebelschwaden, vom Nasensog angezogen flatterten und kreischten Krähen um seinen schwarzen Federhut. »Ach, ich liebe die Vögel am Niederrhein, die mit und vor allem die ohne Flügel. Und deshalb, du Pechstinker, wirst du mir morgen Mittag einen Vogel zeigen, den ich noch nie gesehen habe. Gelingt es dir, geb ich deine Seele frei. Schaffst du es nicht, dann …« Genüsslich streckte er seine lange Zunge heraus, schlappte sie zurück und war verschwunden.

Liesbeth fiel ihrem Heinrich in die Arme. »Wie viele Jahre? Wie lange Zeit hat er dir geschenkt?«

Bedrückt löste sich der Schuster. »Einen Tag. Nur bis morgen.«

Die Aufgabe war schwer, schien unlösbar. »Weil der Teufel jeden Vogel kennt.«

»Du musst gewinnen!« Liesbeth rüttelte ihren Mann. »Fang einen Zaunkönig. Nein, besser noch einen Neuntöter, die sind selten. Im Knick zwischen den Feldern weiß ich einen Schlehbusch, da hab …«

»Wenn du es weißt, weiß es der Teufel schon lang.«

»Verlier nicht den Mut!«, rief sie in höchster Verzweiflung. »Lass dir was einfallen. Bitte!«

Heinrich gab den beiden Gesellen für diesen Nachmittag frei. Allein saß er am niedrigen Werktisch, marterte sein Gehirn. »Es hat keinen Zweck.« Ein Teufel wettet nur, wenn er ganz sicher gewinnt. Stunden verrannen. Noch verteilte die Schusterkugel das matte Sonnenlicht. Er strich mit der Staubfeder über Ahle, Raspeln und Glätteisen, schließlich ließ er sie achtlos fallen, die Feder blieb an der verschmierten Pechbüchse kleben. Ein Gedanke. Gleich verwarf ihn der Schuster wieder. Doch beharrlich kehrte der Gedanke zurück. Warum nicht? »Wenn mir sonst nichts einfällt. Versuchen muss ich es.« Heinrich sprang auf. »Liesbeth! Lauf zum Krämer«, befahl er. »Kauf alles Apfelkraut, was er hat. Den ganzen Vorrat.«

Er selbst stürmte hinters Haus, jagte den bunten Hahn, drei Hennen. Im Stall drehte er einer Gans den Hals um. Gründlich rupfte er das Viehzeug, sorgfältig ordnete er die Federn auf dem Boden, Flaum zu Flaum, die kurzen, die langen. Liesbeth hörte seinen Plan, ohne Zögern stimmte sie zu. »Das wird unsere Rettung. Ganz fest will ich daran glauben.«

Bis spät in den Abend fügten sie mit Zwirn die Federn zu kleinen und großen buntschillernden Fächern aneinander.

Lange vor der Zeit schulterte Heinrich am nächsten Tag die Kiepe und wanderte mit seinem kleinen Sohn zum Rhein. Unterwegs erzählte er dem Jungen von Bussarden, Fischreihern, von stolzen Fasanen und der große Eule.

»Schenk mir einen Vogel. Bitte!«, bettelte Peter.

Noch kämpfte der Vater. Durfte er den Sohn in Gefahr bringen, nur weil er selbst am Abgrund stand? Ich werde achtgeben, rechtzeitig eingreifen, beruhigte er den quälenden Gedanken.

»Einen Vogel willst du?« Er wiegte den Kopf. »Das ist nicht leicht. Aber ich weiß ein Spiel. Damit können wir uns einen schönen Vogel anlocken.«

»Ja, Vater. Und einen Käfig bauen wir.« Bis sie den Kiesel am Ufer erreicht hatten, hüpfte Peter unbekümmert neben ihm her.

Der Schuster setzte die Kiepe ab. Von Kopf bis Fuß beschmierte er den Jungen mit braunklebrigem Apfelkraut.

»Du darfst kein Wort sprechen. Sonst gelingt es nicht.«

Tapfer nickte Peter.

Die großen Federfächer drückte Heinrich ihm ans Kittelchen, die kleinen wickelte er um Beine und Arme. Über den Haarschopf streute er weichen Flaum, beklebte das Gesicht, nur Augen, Mund und Nase sparte er aus.

»Aber, Vater ...«

»Du bist jetzt ein wunderschöner Lockvogel«, erklärte Heinrich, kaum gehorchte ihm die Stimme. »Wenn wir viel Glück haben, schnappen wir sogar die große Eule. Nur still musst du sein, hörst du, mucksmäuschenstill.«

In diesem Moment setzte das Mittagsläuten ein. Hastig führte Heinrich seinen Sohn hinter den großen Stein. »Da bleibst du. Rühr dich nicht vom Fleck, bis ich es sage.«

Mit dem letzten Glockenton erschien der Höllenbube. Er blickte sich um und feixte: »Na?« Siegesgewiss beugte er sich über die Kiepe. »Leer! Aber Schlaukopf, du enttäuschst mich. Und ich hatte mich so auf den kleinen Spaß gefreut.«

»Ich, ich hab einen Vogel.«

»Na, wo? Her damit.«

»Er ist noch jung und ganz scheu.«

»Das nutzt dir nichts. Trödel nicht, zeige ihn mir. Ich erkenne jeden Vogel, selbst wenn er gerade nackt aus dem Ei geschlüpft ist.«

»So klein ist er nun auch nicht mehr.« Heinrich deutete auf die leeren Krauttöpfe. »Bis eben hab ich ihn gefüttert. Aus Angst vor Euch hat er sich versteckt.«

»Bei allen Pudeln«, fauchte der Satan. »Wenn du mir nicht sofort …«

»Eins noch«, bat Heinrich. »Ihr dürft den Kleinen nicht anrühren. Weil die Mutter ihn sonst nicht wieder nimmt.«

»Weiß ich, weiß ich.« Der Feine pochte an die Brust. »Schließlich steht nicht nur ein Kenner, sondern auch ein großer Vogelfreund vor dir.«

Jetzt erst verriet Heinrich schweren Herzens das Versteck.

In drei Schritten war der Höllenbube hinter dem Kiesel. Gleich fuhr er einen Schritt zurück, beugte den Kopf weit vor, beäugte das Federwesen, wild rollte er die Augäpfel. »Krötenpest. Das ist ein … Der sieht aus wie …«

Heinrich faltete die Hände.

Um Zeit zu gewinnen, bohrte der Feine mit seiner langen Zunge in den Nasenlöchern. »Ganz klar. Das ist doch ein …« Er riss den schwarzen Federhut vom Kopf, zerknautschte ihn zwischen den Fäusten. »Nein, bei der Himmelsbrut. Solch ein Vogel ist mir noch nie begegnet.«

Vor Erleichterung wurden Heinrich die Knie weich, mühsam hielt er sich aufrecht. »Und ich hatte schon Angst, Herr, Ihr würdet Euch wirklich auskennen.«

»Halt's Maul.«

Der Feine strich um das sonderbare Federgeschöpf herum. Zitternd stand Peter da, die Augen fest geschlossen. »Aus welchem Nest hast du ihn? Wo ist es? Auf einem Baum, im Gesträuch oder auf dem Feld? Raus mit der Sprache.«

Heinrich schwieg und streckte dem Bösen die Hand hin.

»Nun sag schon. Nur einen kleinen Hinweis. Schließlich habe ich dir auch eine Chance gegeben.«

Keine Antwort. »So ist das also.« Der Teufel spuckte dem Schuster vor die Füße. »Ja, du kümmerlicher Wichtigtuer, du hast die Wette gewonnen. Deine schäbige Seele überlass' ich denen da oben.« Angeekelt schlug er ein.

Angst und Sorge fielen von Heinrich ab. Er atmete auf. »Danke, Herr. Von Herzen Dank.«

»Halt's Maul. Komm mir nicht noch damit«, blaffte der Teufel. »Jetzt will ich es wissen: Wie heißt der Vogel?«

»Das?« So unschuldig, wie es dem Schuster möglich war, erklärte er: »Das ist ein Uhlefots-Küken. Das weiß doch jedes Kind in unserer Gegend.«

Da stieß der Feine ein jämmerliches Geschrei aus. »Uhlefots-Küken. Jeder Höllenkatze würde von solch einem Vieh speiübel.« Mit dem Klumpfuß trat er gegen den großen Kiesel. Knirschend brach er in zwei Hälften auseinander. »Dieser verdammte Niederrhein. Da verlier ich eine Seele. Muss wieder Öfen stochern.« Sein Geheul nahm zu. »Und warum? Schuld hat dieses hässliche, dieses widerwärtige Uhlefots-Küken.« Das Gesicht verlor jeden menschlichen Zug, schälte sich zur haarigen Fratze. Aus Maul und Nüstern dampfte Höllengestank. Bis zur Uferböschung wich der Satan zurück, nahm Anlauf, wollte abheben, stolperte über eine Kieselhälfte, schrie gellend und stürzte den Kopf voran in den Rhein. Wasser zischte und spritzte.

Heinrich stockte der Atem. Ruhig glitten wieder die Wellen. Nichts weiter. Der Böse blieb verschwunden.

»Vater!« Die kleine verängstigte Stimme rief den Schuster in die Wirklichkeit zurück. Er fiel vor dem Sohn auf die Knie, herzte und küsste ihn. »Du hast mich gerettet.« Federn und

Apfelkraut klebten dem Glücklichen im Gesicht, an Wams und Händen.

»Was ist ein Uhlefots-Küken?«

Weinend lachte Heinrich. »Das legt selbst den Teufel rein.«

»Vater?«

»Ja, mein Junge.«

»Das ist kein schönes Spiel. Ich will lieber doch keinen Vogel.«

»Ich auch nicht, Peter. Komm, wir gehen nach Haus. Was meinst du, wie Mutter Augen macht, wenn sie uns beide sieht.«

Vom Beutezug bei Xanten

Ich bin überaus bescheiden.
Ich verlange nur, was du morgen
als Erstes mit dem Schnürhemd einzwängst.

Seit Wochen hatte es am Niederrhein nicht mehr geregnet. Die Sonne verdorrte das Gras, kaum führten Niers und Ley noch Wasser. Da türmten sich gegen Abend Wolkenberge im Westen auf. Gleich war einer der Höllenbuben zur Stelle. »Das kommt mir gerade recht. Eine gute Seelenfalle will sorgfältig vorbereitet sein.« Mit dem Wind begleitete er das drohende Unwetter. Nahe bei Xanten schnalzte er mit der Zunge. Zwei schwarze Wolkenriesen prallten zusammen. Krachen, Poltern und Sturmtosen. Furchtbar entlud sich das Gewitter. Der Teufel lachte, wählte einen Blitz aus, den lenkte er an der Eiche vorbei ins Scheunendach eines abgelegenen Gehöftes.

»Feuer!« Im Hemd stürzten Bauer Kurt und sein Knecht nach draußen. Ehe sie den Brunnen erreichten, nagte der Satan am Windenseil. Der Schöpfeimer riss ab, stürzte in den Schacht. Kein Wasser! Hoch schlugen die Flammen, schlugen aus der Scheune, schon griffen sie nach dem Stall.

Wie lange noch blieb das Wohnhaus verschont? Von Angst gehetzt hob Klara ihr Töchterchen aus dem Bett. Sie wickelte es in eine Decke, rannte. Unter der großen Eiche kauerte sich die Mutter mit dem weinenden Kind nieder.

Im Funkenregen brach das Scheunendach ein.

Verzweifelt versuchten Bauer und Knecht, das Vieh aus dem Stall zu zerren. »Erst die Kuh. Die Kuh.« Zu spät. Für Schweine, Ziegen, auch für das einzige Rind gab es keine Rettung mehr. Beim Morgengrauen starrten Kurt und Klara auf die verkohlten Trümmer. Nur kümmerliches Glück im Unglück war ihnen geblieben, das niedrige Wohnhaus hatte dem Feuer widerstanden.

»Wir geben nicht auf.« Tapfer fassten sich die beiden an den Händen.

Der Höllenbube sah es mit teuflischem Vergnügen. »Recht so. Entweder der dumme Bauer oder sein fettes Weib. Noch ein paar Monate, dann wird mir wenigstens einer von euch in meine Falle tappen.«

Über den Winter reichten die Vorräte. Als das Frühjahr kam, spannten sich der Bauer und sein Knecht selbst vor den Hakenpflug. Nach viel Schweiß und Mühe war der Acker bereitet. Doch keine Aussaat, das wertvolle Korn hatten die Flammen vernichtet. »Ich muss borgen gehen.« Am Niederrhein hilft einer dem anderen aus der Not. In festem Vertrauen darauf besuchte Kurt seine Nachbarn. Wo er auch anklopfte, diesmal sah er nur in harte Gesichter. Gleich an der Tür wiesen sie den Armen ab.

»So glaubt mir doch.« Erst entrüstet, bald verzweifelt rang der Bauer die Hände. »Nach der Ernte geb ich euch doppelt so viel Korn zurück.« Unter Flüchen jagten sie ihn fort.

Die Xantener Geldverleiher rümpften die Nase. Selbst der schmierigste von ihnen wiegte spöttisch den Kopf. »Ohne Sicherheit? Noch nicht einmal eine magere Kuh? Verschwinde, von Bettlern werde ich nicht reich.«

Mit leeren Taschen kehrte Kurt auf den Hof zurück. Zwei Schritt hinter ihm tänzelte unsichtbar der Höllenbube. »Gut eingefädelt ist halb genäht.« Er hatte die Herzen der Nachbarn versteinert, die Geldverleiher gekitzelt. »Und gleich leg ich den Speck in die Falle.«

Der Bauer blieb am Zaun des Gemüsegartens stehen. Seine Frau hatte umgegraben, sorgsam glättete sie die Beete. »Lass nur, Klara.« Selbst für Bohnen und Möhren reichte das Geld nicht mehr. Niedergeschlagen schlurfte er ins Haus.

Die Bäuerin stützte sich auf den Spaten. »Was soll denn werden?«

Schnell zeigte ihr der Satan furchtbare Bilder: Die kleine Tochter verhungerte. Der Mann nahm vor Gram den Strick. »Nein. Niemals«, flüsterte sie gequält. »Wenn ich nur einen wüsst, der uns ein paar Gulden leiht. Mein Sonntagstuch, die Kreuzkette meiner Mutter, alles würd ich hergeben.«

Das genügte dem Versucher. Im Nu nahm er menschliche Gestalt an. »Guten Tag, schöne Frau. So bekümmert?«

Die Bäuerin schreckte hoch. Vor ihr stand ein Herr. Den Reisemantel trug er offen, der schwarze Pelzkragen glänzte. Am Rock vor dem rundlichen Bauch trug er eine goldene Uhrkette.

»Ich hab Euch nicht kommen hören.«

»Das glaub ich gern. Auf leisen Sohlen ...«

»Wer seid Ihr, Herr?« Klara stand nicht der Sinn nach einem Plausch. »Was wollt Ihr?«

»Warum so schroff?« Für einen Augenblick runzelte der Fremde die Stirn, doch gleich glättete er wohlwollend den Rock über seinem Bauch. »Recht so, kommen wir gleich zur Sache. Ich bin hier, um dir und deinem Mann zu helfen.« In Xanten hatte er von ihrer Not gehört. »Und weil ich ein reicher, aber auch guter Mensch bin, will ich euch mit Geld aushelfen.«

Klara hob und senkte den Busen. »Ist das wahr? Wie viel könnt Ihr uns leihen?«

Abschätzend blickte der Herr über den Hof, murmelte und rechnete dabei. »Da wär die neue Scheune, der Stall, genügend Saatgut. Sagen wir zwanzig Goldgulden. Reicht das?«

Der Atem stockte, kaum gelang es Klara zu antworten. »Treibt keinen Scherz mit mir.«

»Scherz?« Er schnippte die Finger und hielt eine Geldkatze in der Hand. »Bei Geschäften pflege ich nicht zu scherzen.«

»Und was verlangt Ihr als Sicherheit? Ich besitze ein kleines goldenes Kreuz.«

»Wie scheußlich. Verschone mich mit solchem Plunder.«

»Wir könnten einen Schuldbrief ...«

»Verträge? Wertloses Zeug. Schade um das Pergament.«

Ehe Klara mutlos den Kopf senkte, fuhr er fort: »Nein, gute Frau. Ich will wirklich helfen und bin überaus bescheiden.« Er betrachtete ihre füllige Gestalt. »Ich verlange nur, was du morgen früh als Erstes umgürtest. So zur Erinnerung.« Gönnerhaft legte er der Bäuerin die Geldkatze in den Arm.

»Umgürtest?« Klara bedachte gar nicht, was sie fragte. Sie war durch den plötzlichen Reichtum verwirrt. Er bedeutete Rettung für die Tochter, den Mann. Die Zukunft strahlte wieder in hellem Licht.

Der Herr zwinkerte ihr zu. »Na, du verstehst schon. Was du zuerst mit dem Gürtel oder …«, ein genüssliches Kichern, »nun, mit dem fischbeinigen Schnürhemd einzwängst.«

»Ja, ja.« Sie hatte die Geldkatze geöffnet, das Gold schimmerte in ihren Augen.

»Gib mir die Hand darauf«, flüsterte er, ohne sein Opfer aus dem schönen Traum zu reißen.

»Ja, ja.« Klara schlug ein.

Leise wich der Böse zurück. In ihrem Rücken fletschte er die Zähne. »Bis morgen, mein Täubchen.«

Nach einer Weile erst antwortete die Bäuerin: »Morgen geb ich Euch meinen …« Sie wachte aus ihren Plänen auf. Der Fremde war fort. Ganz gleich, das Gold hatte er dagelassen.

Den Rock gerafft rannte Klara ins Haus. »Kurt!« Aufschluchzen und Lachen zugleich. Die Dukaten blinkten. »Damit bauen wir eine Scheune. Damit den Stall. Hiervon kaufen wir Saatgetreide. Mit dem Goldstück gehst du auf den Viehmarkt«, von der Vorstellung überwältigt umarmte sie ihren Mann. »Nicht nur zwei Kühe und Schweine. Nein, Kurt, wir haben genug davon. Nimm noch eins, kauf ein starkes Pferd. Und später besorgen wir uns noch eine Kutsche, mit der fahren wir dann sonntags zur Kirche. Und …«

»Sei still!« Fest legte ihr der Bauer die Hand auf den Mund. Eben noch in tiefster Verzweiflung, jetzt lag da auf dem Tisch mehr Geld, als er je gesehen hatte. »Von vorn, erzähl's mir langsam, Frau. Sonst verlier ich den Verstand. Von wem hast du das Gold?«

Klara bemühte sich, die Gedanken zu ordnen. Der fremde Herr hatte von dem Unglück gehört. Plötzlich war er im Gemüsegarten. So freundlich ist er. Und weil er ein gutes Herz besitzt, deshalb. Sie seufzte: »Ich glaub, er ist ein Engel.«

Bauer Kurt runzelte die Stirn. »Und verlangt hat er nichts?«

»Nein.« Sie stockte, dachte angestrengt nach. »Doch, warte. Er will morgen früh mein Schnürhemd oder meinen Gürtel holen. Womit ich mich eben umgürte. Irgend so was will er haben. Ach, quäl mich nicht.«

Niemals zuvor hatte der Bauer von solch einem Handel gehört.

»Der soll Geschäftsmann sein?«

Zornig hob Klara den Busen. »Da liegen die Dukaten, was wollen wir mehr. Er ist eben ein Engel.«

Jetzt umarmte Kurt seine Frau. »Lass nur. Uns kann's egal sein.«

Spät schliefen die Bauersleute ein. Klara lag da und lächelte im Traum. Kurt wälzte sich hin und her. Beim ersten Taggrauen schreckte er hoch. Der Gedanke trieb ihm Schweißperlen ins Gesicht. »Wach auf, Frau!«

Wohlig räkelte sich Klara. Er ließ ihr keine Zeit. »Was hat der Kerl für die Dukaten verlangt?«

»Mein Schnürhemd.«

»Denk nach. Sag's genau!«

Sie setzte sich auf. »Er hat gesagt: Ich verlange nur, was du morgen früh als Erstes umgürtest.«

»Jetzt wird mir alles klar.« Kurt presste die Fäuste gegeneinander. »Nicht den Gürtel. Dich will er.« Aschfahl im Gesicht flüsterte der Bauer. »Kein Engel würde so viele Dukaten hergeben. Der hätte nur gesagt: Fügt euch in euer Schicksal und betet. Begreif doch. Vom Teufel hast du das Gold, und dafür holt er sich nachher deine Seele.«

Nicht jeder Herr, der lächelt, meint es wirklich gut. Klara schlug das Kreuz. »Bei der gütigen Jungfrau. Wir geben ihm die Dukaten zurück.«

»Ein Satan schließt nur todsichere Geschäfte ab. Der löst den Pakt nicht mehr.«

Verzweifelt suchte Klara nach einem Ausweg. Sie wollte sich heute nicht anziehen. Doch der Bauer schüttelte den Kopf. »Und dann? Kaum wickelst du unsere Tochter in eine frische Windel, holt er sich das Kind. Umgürten. Das verdammte Wort kann viel bedeuten. Der Kerl belauert dich, und eh' du's weißt, ist es zu spät.« Bitter starrte Kurt zum Stuhl. An der Lehne hing das Schnürhemd. Ohne Gnade würde sich der Teufel an die Abmachung halten. Der Bauer straffte den Rücken. Gut, dann sollte die Hölle auch bekommen, was sie verlangt. Hart befahl er: »Steh auf, Frau.«

»Nein, Kurt. Ich fleh dich an.«

»Schweig. Uns bleibt keine Wahl. Du tust genau, was ich sage.«

Wenig später verließ Klara nackt, mit dem Schnürhemd in der Hand das Wohnhaus. Vom Fenster aus beobachtete Kurt seine Frau. Er hatte die Hände gefaltet, tonlos bewegte er die Lippen.

Trotz ihrer rundlichen Fülle zitterte die Bäuerin am ganzen Leib. Morgenröte färbte den klaren Himmel. Halb hatte sie den Weg zur Eiche zurückgelegt, da wälzte sich eine einzelne schwarze Wolke heran, hing drohend über dem Hof. Klara rollten die Angsttränen, sie ging weiter. Unter dem weitgespannten Blätterdach zerrte sie das steife Korsett auseinander. Ein letzter Blick zum Wohnhaus, ein letzter tiefer Atemzug. Zwischen beiden Händen straffte sie das Hemd wie einen Schild, stürzte vorwärts, presste es an die Rinde, umarmte den Stamm, die Schnüre fest in den Fingern. Der erste Knoten hielt. Klara band noch den zweiten, den dritten. Genug! Sie wich zurück, stolperte beinah und rannte. Erst beim Brunnen blieb sie stehen und wandte sich um.

Die schwarze Wolke wirbelte über der Eichenkrone, formte sich zu einer hohen Säule. Staub stieg hinauf, die Blätter wurden angesogen. Höllengeheul. Aus der Wolkensäule beugte sich eine riesige Fratze herab, im aufgesperrten Maul verschwand die Eichenkrone, gelbliche Zähne zersplitterten die Äste. Zwei Klauen packten den Stamm am Korsett und rissen ihn samt Wurzelwerk aus der Erde hinauf in die Teufelswolke.

Klara schlang ihre Arme schützend über den Kopf. Um sie herum prasselten Steine und Lehmklumpen nieder.

Stille. Vorsichtig wagte sie aufzusehen. Die Wolke war verschwunden, der Himmel klar. Dort, wo noch vor wenigen Augenblicken die Eiche stand, klaffte ein tiefes Loch.

Bauer Kurt stürzte aus dem Wohnhaus: »Der Satan hat sich geholt, was er wollte. Wir sind gerettet und reich.« Jubelnd drehte er sie im Kreis. Was kümmerte ihn ihre Nacktheit.

»Ach, Frau, du bist mein schönster Engel. Den ganzen Hof bauen wir neu. Und ein Schnürhemd aus Seide für dich …«

»Nein, Kurt«, flehte Klara mit schwacher Stimme. Kaum vermochte sie sich auf den Beinen zu halten. Obwohl der Schreck nur langsam wich, eins wusste sie: »Kein Schnürhemd. So was kommt mir nie mehr um den Leib.«

Zwischenspiel im Reich des Bösen

Auch die Berichte aus Aldekerk,
Winnekendonk und Hinsbeck
waren borstensträubend.

Die Flügel des großen Tores schwangen auf. Jammervolle Schreie, Stöhnen und Gebrüll brachen hervor. Giftgelbe Wolken, durchzuckt von Flammenblitzen, quollen aus dem Innern. Durch den feurigen Nebel schritt der Oberste aller Versucher hinaus in die Vorhölle. Seine vier Riesenpudel hechelten um ihn herum. Leicht gebeugt folgte einer der satanischen Grafen. Gleich schloss sich das Tor. Nur noch gedämpft war das Höllengetöse zu hören.

Die Augenborsten des Oberteufels standen aufrecht. Selbst die fliegenden Drachenkatzen wussten, was dies bedeutete. Jeder hütete sich. Nur wer unbedingt musste oder herbefohlen wurde, wagte sich in die Nähe des Großfürsten. Heute, am Tag der Hauptversammlung für das Projekt Niederrhein, kündeten seine steilgerichteten Augenborsten und das häufige Fletschen der Zähne ein Strafgericht, zumindest aber ein höllisches Gewitter an. »Sind alle versammelt?«

»Ohne Ausnahme«, beeilte sich der Graf. Gegen seinen Willen war er mit dem Amt des Abteilungsleiters für die Region Niederrhein betraut worden. Eine undankbare Aufgabe. Nichts als Ärger hatte sie ihm während der zurückliegenden Jahre eingebracht. »Der ganze Spezialtrupp. Wie befohlen habe ich jede Krankmeldung abgewiesen. Die Höllenbuben warten vollzählig im Nobiskrug auf Euch.«

»Sollen sie noch etwas in ihrem Saft schmoren«, knurrte der Fürst. »Gehen wir ein paar Schritte durch die Vorhölle. Nur deine Abteilung interessiert mich. Wo ist die Seelen-Warteliste der letzten Monate?«

Keine engbeschriebene Rolle, der Graf zückte ein schäbiges Stück Pergament und deutete hinüber auf ein schmales, mit glühenden Stangen eingezäuntes Gelände. »Folgt mir, Herr.«

»Dahin? In diesen Pferch?«

»Mehr Platz musste ich nicht zur Verfügung stellen.« Der Abteilungsleiter schabte den Huf, vorsichtig setzte er hinzu: »Auch die Ausbeute an Beinahverdammten ist gering.«

»Lass sehen«, der Höllenfürst verengte die Augen. Am Bach stand eine nackte Magd. Stumm wusch sie die Wäsche. Bücken, Schrubben, Schlagen und wieder Bücken, Schrubben und Schlagen ohne Unterlass.

Weiter drüben auf dem Rasen spielten Musikanten immerfort die gleiche Melodie, dazu drehten sich Paare, sie tanzten und tanzten. Das Gras unter ihren Füßen war längst verkohlt, sie tanzten auf glühender Erde.

Ein Jäger verfolgte ein Wildschwein, jagte es im Kreis. Er hatte die Saufeder zum Stoß erhoben, nie erreichte er seine Beute.

Der Blick des Oberteufels fiel auf das Ruhebett ganz in seiner Nähe. Für einen Moment glätteten sich die Augenborsten. »Wen haben wir denn da?«

Ein Pfarrer lag dort, Hände und Füße waren an die Pfosten gefesselt. Über ihm brannte das Kirchenlicht. Wachs tropfte stetig auf seine entblößte Brust.

»Der Pfaffe wurde uns aus Kevelaer geliefert. Er hat den Opferstock an diesem Gnadenbild geplündert und das Geld mit Weibern verprasst.« Befriedigt nickte der Graf. »Seine Seele ist uns so gut wie sicher.«

»Wenigstens eine. Was ist mit den anderen?«

Die Magd, der Jäger, die Musikanten und Tänzer, sie alle hatten den heiligen Sonntag missachtet.

»Engelsfürze, mehr nicht«, schnaubte der Satan. »Seit Einführung der Reue sind das für uns nur wertlose Kreaturen.« Seine Zähne knirschten. »Du wagst es, mir solche Kleinsünder anzubieten?«

»Nicht ich, Herr. Der Trupp hat sie hergebracht.« Er senkte die Stimme. »Unsere Unterteufel wollten nicht ganz mit leeren Klauen vor Euch hintreten.«

»Diese Versager. An den Schwänzen lasse ich sie zusammenknoten …«

Knurren, Bellen! Der Höllenfürst stockte. Seine vier Pudel stürzten auf eine entwurzelte Eiche zu. Um den Stamm war ein Schnürhemd gebunden. Sie bissen sich fest und zerfetzten den Stoff.

»Wo kommt das denn her?«

Kaum wagte der Abteilungsleiter zu antworten. »Also diese Eiche. Nun ja, die wurde gestern … Verzeiht, Herr, mir selbst bleibt es ein Rätsel, doch einer des Spezialtrupps hat sie gestern als Beute vom Seelenfang mitgebracht.«

»Pest und Schwefel!« Wutentbrannt verließ der Oberteufel das Gatter, dabei stieß er einige der glühenden Pfähle um. »Bäume! Was für eine Blamage. Oh, ich höre schon das himmlische Spottgelächter.« Er stürmte auf den Nobiskrug zu. Die Pudel kläfften. Würde und Amt vergessend hastete der Graf auf allen vieren hinter seinem Herrn her. Für die Hauptversammlung hatte der Wirt den Nobiskrug mit Hilfe seiner zweiköpfigen Schlangen von den ewigverdammten Kartenspielern, Trinkern und Hurenböcken gesäubert. Erst nach Ende der Tagung durften sie zurückkehren, bis dahin mussten sie draußen in der brodelnden Jauchegrube schwimmen.

Tiefgebeugt erwartete der Wirt den hohen Besuch. »Weg da!« Roh schlug ihn der Großfürst zur Seite. Ein kurzes Knurren, und sein Abteilungsleiter öffnete die Saaltür. »Achtung!«

Die Höllenbuben sprangen auf. »Sünde und Verderben sei mit Euch, unserem Vater-in-der-Tiefe.«

Ohne Gruß kam der Oberste aller Versucher gleich zur Sache. Von jedem einzelnen verlangte er Rechenschaft. Die Berichte waren borstensträubend:

Den Kartenspielern bei Veert hatte sich ein leichtsinniger Unterteufel vorschnell durch seinen Pferdefuß verraten.

In Winnekendonk war der Höllenbube schon ganz und gar im Besitz eines Mädchens. Nicht, dass er seine Beute sofort wegschleifte. Nein, er ließ sich vom Priester in ein Gespräch verwickeln, sah zu, wie der Pfaffe die Besessene mit der geweihten Stola an die Kirchenbank fesselte, gab ihm sogar Zeit, das Exorzismus-Buch zu holen.

»Jeder Chorengel hätte dir Schlafmütze diese Seele wieder abjagen können.« Um Haaresbreite verfehlte der glühende Bierkrug sein Ziel.

Keiner der Unterteufel hatte Erfolg zu vermelden. Im Gegenteil. Aus vollen Beuteln war das Gold verplempert worden.

Der Höllenfürst traute seinen Ohren nicht. Ausgerechnet sein tüchtigster Bube wollte besonders geschickt sein. Er zahlte für eine Bauernseele in Hinsbeck die Dukaten gleich säckeweise im Voraus. Neunmalklug, wie er meinte, versuchte er während Ablauf der vierzehn Fristjahre, die Hälfte der Summe in Feldfrüchten zurückzuholen. Dafür schloss er mit dem Bauern einen Zusatzpakt: Die Ernte musste geteilt werden. In einem Jahr durfte der Bauer alles ernten, was auf dem Acker wuchs, und der Höllenbube beanspruchte das, was unter der Erde gedieh. Im nächsten Jahr dann umgekehrt.

Der Oberste aller Versucher packte den Unterteufel an der langen, haarigen Nase und zog ihn dicht an sich heran. »Schlag dir jede Beförderung aus dem Schädel.«

»Ich konnt es doch nicht ahnen, Herr«, näselte der Bube.

»Schweig! Geschwänzt hast du! Wo warst du, als im Seminar die Ackerwirtschaft dieser Zweibeiner am Niederrhein durchgenommen wurde? Auf keinem Acker lassen sie die Früchte oben und unten zugleich reifen. In einem Jahr säen sie Getreide, Kohl, Salat und Erbsen, also ernten sie oben. Im nächsten Frühjahr pflanzen sie Kartoffeln, Möhren und Rüben, also graben sie die Früchte aus der Erde.«

Als der Großfürst durch den Abteilungsleiter auch noch vom anschließenden Wettkampf im Steinewerfen hörte, auf den sich sein bester Seelenfänger unnötigerweise eingelassen hatte, war es mit seiner Beherrschung endgültig vorbei. »Ernte hin, Ernte her. Laut Vertrag hattest du den Bauern nach vierzehn Jahren sicher im Sack. Aber nein, du Idiot lässt dich von diesem Ackertrampel zum zweiten Mal überlisten.«

Als Vorgabe hatte der Unterteufel einen Felsbrocken bis nach Herongen geschleudert. Schön und gut. Jetzt wog der Bauer seinen Stein in der Hand. Die Seele zu retten, verleiht den Opfern oft Erfindungskraft. Der Mann seufzte tief, sagte beiläufig: »Mein Bruder ist Pfarrer beim kaiserlichen Heer. Wenn ich nur wüsst, wo er sich gerade aufhält. In Frankreich oder in Holland? Wer weiß, wie weit ich werfe? Bei der Jungfrau, dem darf ich doch nicht den Schädel zertrümmern.«

»Halt! Nur nicht!« Sofort hatte der Unterteufel den Wettkampf abgebrochen. »Das Risiko ist mir zu groß.« Er kannte die Rettungsregelung für Priester: Ein gewaltsamer Tod während der Arbeitszeit hatte den unmittelbaren Freiflug gen Himmel zur Folge. Und einen Pfaffen für eine Bauernseele zu verlieren, wagte er nicht.

»Ich dachte …«

»Du dachtest! Womit denn?« Der Höllenfürst hob ihn am Nasenhorn hoch und schleuderte ihn zu Boden.

Im Verlauf der nun folgenden Berichte zeigte sich die nackte Wahrheit. Nicht ein einziger einfältig Frommer des Niederrheins war ins Netz gegangen. »Ihr elenden Faulenzer! An eurer Unfähigkeit ist das Projekt gescheitert.«

Dem einen schlug er zwischen die Hörner. »Verliert eine Seele beim Knopfannähen.« Dem Nächsten trat er in den Bauch. »Ich kenne alle Vögel«, äffte er ihn nach. »Du Wurm! Uhlefots-Küken. Wenn du dir vorher die Vogelliste wirklich angesehen hättest, dann wüsstest du, dass es solch ein Federvieh nicht gibt. Aber nein, der feine Herr Teufel weiß alles, hat das Lernen nicht nötig.«

Sein Blick fand den Höllenbuben, der sich ängstlich hinter den anderen versteckte. »Pest und Schwefel. Und jetzt zu dir. Tritt vor.« Blindwütig teilte er Ohrfeigen und Maulschellen aus. »Was sollen wir hier unten mit einer Eiche? Seelen solltest du herschaffen und keine Bäume!«

Mit dem nächsten Atemzug senkte der Großfürst die Stimme zum bitteren Vorwurf: »Da schicke ich euch an den Niederrhein, dort wimmelt es nur so von schlichten Gemütern. Und ihr?« Das Feuer in seinen Augen wurde kalt.

Eine Predigt allein beseitigt keine Missstände. Auch wenn die Mitarbeiter versagt hatten, der Höllenbetrieb durfte nicht stocken. Er nahm den Abteilungsleiter beiseite. Nach einer kurzen Beratung gab der Graf den Entschluss bekannt. »Unserem Vater-in-der-Tiefe hat es in seiner Bosheit gefallen, Nutzen vor Strafe walten zu lassen. Keiner muss an die Öfen zurück.«

Höllisches Aufzischen ging durch den Spezialtrupp.

»Allerdings«, dämpfte der Abteilungsleiter die Erleichterung. »Um den Mangel an Disziplin und Gehorsam zu beseitigen, wird sich jeder einer Kur unterziehen.«

Die langen Zungen schlappten heraus, baumelten an den Mäulern. Ungerührt fuhr der Graf fort: »Ich sehe, ihr habt schon begriffen. Beim Morgenappell wird jeder von euch einen Topf mit Vipern zu sich nehmen. Unsere fleißigen Würmer werden euch in nur einer Woche alle irdischen Fehler und Flausen aus Gedärm und Hirn fressen. Nach dieser Grundreinigung seid ihr endlich eine Fangtruppe zum Ruhme unseres Vaters-in-der-Tiefe. Euch wird in Zukunft keine einfältige Seele am Niederrhein entgehen.« Nicht allein die Höllenkur, mehr noch entsetzte die Unterteufel der Gedanke, wieder nach Xanten, Goch, Kevelaer, wieder zu dieser verdammten Gegend aufsteigen zu müssen.

Die Wut des Großfürsten war verraucht. »Ein Satan gibt nicht auf! Meine Buben. Niemals.«

Da die Augenborsten glatt am Stirnwulst lagen, wagte der Unterteufel, den das Uhlefots-Küken genarrt hatte, vor seinen Herrn hinzutreten. »Bei allem Respekt. Schickt uns nicht zurück.«

Einstimmig murmelte hinter ihm die Höllenbrut.

Dem Abteilungsleiter stockte der Atem. Langsam stemmte der Großfürst seine Klauenarme in die Seiten. »Eine Revolte? Soll ich euch doch an die Öfen schicken?«

Tapfer sprach der Höllenbube weiter: »Die Zweibeiner am Niederrhein sind anders als die in Köln oder im Bergischen oder die entlang der Erft. Ich weiß es ja auch nicht, aber eins weiß ich bestimmt: Gerade die einfachen Kreaturen haben es in sich. Da beißt sich selbst der Klügste von uns die Zähne aus.«

»Jämmerliches Katzengeschwätz.« Schwefel dampfte dem Oberteufel aus den Nüstern. Ehe er seinen Wahlspruch wiederholte, hielt er inne. Was wagt dieser Schamlose mir ins Antlitz zu sagen? Selbst der Klügste soll am Niederrhein versagen? Ich bin der Oberste aller Versucher, also auch der Klügste. Seine Eitelkeit war gereizt. Dieser Bube fordert meine Kunst heraus? Meinetwegen, dann werde ich diesen Versagern ein Paradestück im Seelenfang bieten. »Ein Satan gibt nicht auf! Ich selbst zeige euch, wie schnell mir einer dieser einfältigen Wichte da oben ins Garn geht.«

Die Unterteufel senkten demütig die Hörner.

»Aber, mein Fürst«, warnte der Abteilungsleiter voller Sorge. »Ihr seid aus der Übung.«

»Kein Wort mehr. Mein Entschluss steht fest.«

Vom Beutezug in Grefrath

Dem Buben, der behauptet,
ihr am Niederrhein hättet Verstand,
dem werde ich eigenhändig die Hörner stutzen.

Wenn ein Regent selbst erfolgreich in das Geschehen eingreifen möchte, so beruft er zunächst einen Stab von Helfern, der für ihn die mühseligen Vorarbeiten leisten muss. Das ist im Himmel wie auf Erden, so auch in der Hölle nicht anders.

Unermüdlich waren Unterteufel am Niederrhein unterwegs, auf der Suche nach einem geeigneten Opfer. Sie erstatteten dem persönlichen Assistenten des Großfürsten Bericht, der wägte ab, sondierte gründlich, ehe er seinem Herrn die Vorschläge unterbreitete. Zur engeren Wahl standen schließlich drei Kandidaten. Als Erstes ein Mönch aus Goch, dem das Klosterleben zu freudlos war. Nacht für Nacht verließ er im Traum die Enge seiner Zelle, bunt gekleidet tanzte er auf rauschenden Festen, schlang Köstlichkeiten in sich hinein und stellte den Damen nach.

»Nein, keinen Pfaffen«, wehrte Luzifer ab. »Auf einen Pakt lassen die sich selten ein. Bis ihr Frevelmaß endgültig voll ist, müssen sie stets neu verführt werden. Eine Rundumbetreuung bei Tag und Nacht ist mir zu mühselig. Und auch nicht höllensicher. Nein, nein: Da gebe ich dem Mönch, wonach er sich sehnt, lasse ihn die Sünde genießen, und in einem unbewachten Augenblick bereut er dann doch. Diese Blamage will ich mir ersparen.«

Auch die Kartenspieler von Aldekerk reizten den Meister aller Versucher nicht. »Drei Seelen mit einem Stich wären sicher ein beispielhafter Fang. Doch mit Kreuzkarten spielen ist unter meiner Würde.«

Der persönliche Assistent entrollte das dritte Pergament. »Da wäre noch ein Leineweber bei Grefrath. Dem steht die Not bis an den Hals. Wenn er nicht bald …«

»Ein Weber?« Langsam schabte Luzifer mit der Klaue über seinen haarigen Nasenrücken. »Ja, so ein armes Würstchen. Das wäre nach meinem Geschmack. Was wissen wir über ihn?«

Anhand der Unterlagen ließ er sich ein genaues Bild und den Seelenzustand des Opfers schildern.

Harald, schmächtig, gerade dreißig Winter alt, verheiratet mit Sabine, keine Kinder, weil zu arm, wohnhaft in einer Hütte neben dem geräumigen Haus der Schwiegereltern. Harald ist fleißig, doch das Geld reicht nie, schon gar nicht, um den Webstuhl zu erneuern. So arbeitet er zu langsam, und die besser ausgestatteten Weber von Kempen schnappen ihm die lohnenden Aufträge weg. »Ich habe da meine Zweifel«, der Höllenfürst blies Schwefeldampf vor sich hin. »Mit ein paar Talern ist er die Sorgen los. Dafür verschreibt er mir seine Seele nicht.«

»Verzeiht, mein ungnädiger Herr.« Der Assistent kicherte. »Ich würde nicht wagen, Euch diesen Weber vorzuschlagen, wenn ihm nicht obendrein seine lieben Verwandten das Leben auf das Köstlichste versauerten.«

Ehefrau Sabine ist eitel und putzsüchtig. Sie verlangt bestickte Schuhe, an den Rändern geklöppelte Schultertücher und Häubchen aus Spitze. Da Harald seiner Frau diesen Luxus nicht bieten kann, zankt sie ihn Tag für Tag. Überdies lässt sie heimlich beim Kempener Zuckerbäcker anschreiben, weil sie teurem Naschwerk nicht zu widerstehen vermag.

Der Höllenfürst bleckte die gelblichen Fangzähne. »Was ist mit Gläubigern?«

»Zu unserem Wohlgefallen halten sie ihn im Würgegriff. Woche für Woche befehlen die tüchtigen Halsabschneider unseren Kandidaten nach Kempen.« Der Assistent wedelte mit dem Pergament. »Doch nicht nur der zu kostspieligen Ehefrau wegen, mein ungnädiger Herr. Die Schwiegereltern bringen erst die Galle in den Teig. Haus und Hof sind längst verpfändet.«

Dennoch gibt sich Sabines Mutter als großzügige Gutsherrin. Zweimal im Monat pflegt sie für die Nachbarschaft üppige Feste auszurichten, bestellt beim Metzger, beim Weinhändler. »Unser Harald begleicht die Rechnung.« Doch wovon, wenn die Taschen leer sind. Alle Bitten des geplagten Leinewebers treffen auf taube Ohren.

Zum Hof gehören zwei Äcker. Der Vater selbst krümmt nicht mehr den Rücken, sein Schwiegersohn muss für ihn pflügen und säen. Schon ab Mittag sitzt der Alte im Gasthaus. Mit Bier und Branntwein verprasst er die spärliche Ernte. Nicht genug, er stellt Schuldscheine auf den Namen des Schwiegersohns aus und verliert das Geld beim Würfelspiel.

»In Anbetracht der Sachlage«, schloss der Assistent, »scheint es nicht verwunderlich, wenn die Gläubiger unserem Opfer mit dem Schuldturm drohen. Mein Vater-in-der-Tiefe, ich habe nicht untertrieben, dem kümmerlichen Leineweber steht die Not bis zum Hals. Noch trägt er sein Schicksal in widerwärtig frommer Demut, wie es so viele Zweibeiner am Niederrhein tun.«

»Höchste Zeit, dass wir eingreifen«, beutegierig scharrte Luzifer den Huf. »Wenn er daran zerbricht, gilt er unseren Gegnern da oben als armer Dulder und ist für uns verloren. Doch das werde ich dank meiner Kunst verhindern.« Er kniff dem Assistenten ins Fellohr. »Gute Arbeit, mein Höllensohn. Ja, diese Seele ist nach meinem Geschmack. Kein großer Aufwand. Mit ihr im Netz präsentiere ich unseren faulen Buben ein Meisterstück.«

Harald wanderte nach Hause, den Kopf gesenkt, die Füße waren ihm schwer. Er bemerkte nichts von dem durchsichtig bunten Herbstnachmittag. Heute schien ihm der Weg von Kempen nach Grefrath besonders lang.

Drei Geldverleiher hatte er aufgesucht, sie um Stundung gebeten. »Morgen beginne ich mit einer neuen Webkette. Wenn das Tuch fertig ist, werd ich bestimmt …«

Der eine Wucherer hatte ihm die Faust unter die Nase gehalten. »Her mit den Zinsen, oder …« Der andere hatte ihm die Jacke vom Leib gerissen, den Stoff befühlt und sie ihm als wertlos wieder an den Kopf geworfen. »Bezahl, sonst …« Der dritte schließlich hatte ihn mit Stockhieben zur Stube hinausgeprügelt. »Wenn du mir nicht bis zum Abend einen Teilbetrag zurückgibst, rufe ich die Stadtbüttel. Dann ist es aus mit dir.«

Zwei Stunden lang war Harald um den Marktbrunnen herumgeschlichen. »Einen Ausweg. Ich muss einen Ausweg finden, wenigstens für eine Woche.« Wie oft hatte er in den letzten Monaten diesen Brunnen umkreist, das Hirn zermartert, um seine Gläubiger stillzuhalten. Auch heute musste er den riesigen Schuldenberg wieder das nächste Sieben-Tage-Stück vor sich herschieben. Not schärft den Verstand. »Neues Geld borgen. Auch wenn's nicht recht ist. Damit zahl ich wenigstens etwas von den Zinsen der alten Schulden ab.«

Der schmächtige Leineweber klopfte bei einem vierten Geldverleiher an. »Nein, sonst hab ich keine Schulden«, log er. Im Voraus verpfändete Harald den Erlös aus dem neuen Tuch und lieh sich Geld zum Galgenzins.

Rasch war er zu den ersten drei Wucherern zurückgekehrt. Jedem hatte er ein paar Stuber gezahlt. Sie gaben sich für eine Woche zufrieden. Kein Heller war ihm geblieben, dafür aber hatte er Kempen verlassen dürfen, ohne dass ihn die Stadtwache in Ketten legte. Harald schlurfte vor sich hin. Welch ein elender Tag! Nur Prügel, Schimpf und Drohungen. Und warum? Allein wegen meiner Sabine und der Schwiegereltern. Der Weber schnäuzte sein Unglück auf den staubigen Wegrand. »Ich allein müsst mir keinen Stuber borgen. Ich würd mich mit dem abfinden, was ich verdiene.« Sofort schämte er sich für den Gedanken. Nein, wer Familie hat, muss Opfer bringen. Selbst wenn die Lieben ihm jedes Haar einzeln ausreißen. Eine Ehefrau ist eine Ehefrau, und Schwiegereltern gehören eben dazu. Und wären endlich Kinder da, dann wären sie eben da. Ganz gleich, wie sie geraten, ein guter Vater hilft, zahlt und fragt besser nicht. Klagen nutzt gar nichts, und klare Gedanken stören nur.

In der Ferne tauchten die niedrigen Dächer von Grefrath auf. »Ich wünscht, ich hätt nur ein bisschen mehr Geld«, seufzte der Gebeutelte. »Dann wär's leichter.«

Hufschlag hinter ihm. Räder knirschten. Harald wandte den Kopf. Schon war die elegante schwarze Kutsche auf seiner Höhe. Der Fahrer zügelte das Pferd. Aus dem Fenster beugte sich ein feiner Herr: »Guter Mann. Wer wird denn noch zu Fuß gehen?«

Harald riss die Kappe vom Kopf. »Gott zum Gruß, Herr.«

»Sei nicht unverschämt, Bursche!«

»Verzeiht. Was, was hab ich denn gesagt? Ich wollte Euch nicht ...«

»Schon gut.« Der Fremde streifte den Handschuh ab. »Komm näher.« Harald gehorchte. Von Kopf bis Fuß wurde er begutachtet. »Doch, du bist ein schönes Exemplar.«

»Was?«

»Unterbrich mich nicht.« Kurz glühten die Augen, dann waren sie wieder schwarz wie zuvor. »Du bist auserwählt. Ist das nicht Grund zur Freude?«

Harald wagte nicht zu antworten. Nichts begreif ich. Er spürte ein ziehendes Unbehagen im Bauch.

»Du Dummkopf.« Wohlmeinend patschte ihm der feine Fremde mit dem Handschuh die Wange. »Warum lachst du nicht?«

Der Leineweber schluckte. »Ich, ich hab keinen Grund.«

Die Augenbrauen des Herrn stellten sich auf. »Ja, weißt du denn nicht, warum ich hier bin?«

Tapfer entgegnete Harald: »Gar nichts weiß ich. Weil Ihr mir gar nichts gesagt habt.«

Für einen Moment stockte der Fremde, fasste sich rasch und knuffte dem Weber an die Schulter. »Wie töricht von mir. Verzeih, ich scheine tatsächlich etwas aus der Übung zu sein.« Er glättete seine Brauen. »Eins nach dem anderen. Diese Grundregel habe ich damals selbst eingeführt. Also, mein Freund. Ich kenne dich gut, weiß alles von deinen Sorgen.« Zum Beweis schilderte er dem Leineweber das schuldenreiche Leben mit Sabine und den Schwiegereltern. »Insgesamt stehst du kümmerlicher Wicht bei deinen Gläubigern mit sechs Golddukaten in der Kreide.« Selbstgefällig versicherte er: »Aber nun wirst du mich kennenlernen. Denn ohne mein Eingreifen gehst du mir verloren.«

Vorsichtig zog Harald an dem Gedankenknäuel: »Wollt Ihr mir helfen?«

»Erraten, mein Freund. Erraten!« Ein Pfiff durch die Zähne. »Pech und Krötenschleim. Dein Hirn bewegt sich doch, das gefällt mir.«

Harald schüttelte den Kopf. »Quält mich nicht, Herr. Mir wird so dumm. Wieso wisst Ihr …?«

»Still.«

»Warum wollt Ihr ausgerechnet mir …?«

Statt einer Antwort öffnete der Feine den Schlag. »Komm, steig ein. Bis wir Grefrath erreichen, haben wir den Vertrag unter Dach und Fach.«

Ein Vertrag? Harald griff sich an den Hals.

»Beweg dich, Kerl!«

Gottergeben gehorchte der Leineweber. Schlecht geht's mir, schlechter kann es nicht werden. Er setzte sich auf die weichgepolsterte Bank. Sein Gastgeber langte durchs Fenster, schlug von außen mit der flachen Hand an den Schlag. »Vorwärts, Kutscher! Aber langsam, Höllenbube. Sonst kannst du wieder Öfen stochern.«

Ehe Harald fragen konnte, erklärte der Herr. »Öfen stochern. Nur so eine Redensart bei mir zu Hause. Kümmere dich nicht drum.« Er zog ein Pergament aus dem Rock. »Zum Geschäft. Du verschreibst mir deine Seele.«

Alles Blut wich dem Leineweber aus dem Gesicht. »Was wollt Ihr?«

»Bist du taub, Bursche?«

»Aber ich, ich kann Euch doch nicht … Meine Seele ist das Einzige, was noch schuldfrei ist.«

»Ich weiß, ich weiß. Aus diesem Grund bin ich ja hinter ihr her.«

Angst befiel Harald. »Arm bin ich, doch deshalb könnt Ihr mir nicht einfach …« Schnell fasste er nach dem Griff am Schlag, rüttelte. Die Klinke bewegte sich nicht.

»Lasst mich gehen«, keuchte er. »Bitte!«

»Du verlässt den Wagen erst, wenn ich es will. Also benimm dich.«

Harald starrte ihn an. »Wer seid Ihr?«

Der Herr schnippte ein Staubkorn vom schwarzen Umhang und schlug das linke Bein über das rechte. »Sagte ich das nicht schon?«

Dem Leineweber standen Tränen der Verzweiflung in den Augenwinkeln, stumm schüttelte er den Kopf.

»Für meine Untergebenen bin ich der Vater-in-der-Tiefe. Du aber, mein Freund, darfst mich Großfürst oder Luzifer nennen.«

Der Satan. Es ist aus, hämmerte das Herz, jetzt ist alles verloren. Und nur, weil ich heute den Geldverleiher belogen hab. Weil ich Schulden mit neuen Schulden bezahlt habe. »Ihr wollt mich holen?«

»Wenn das so einfach wäre«, seufzte der Versucher. »Erst musst du unterschreiben, dann muss der Pakt Punkt für Punkt erfüllt werden. Dann endlich gehörst du mir.«

Verzagt flüsterte Harald: »Ich kenne den Vertrag nicht.«

Luzifer wollte aufbrausen, besann sich. Mit dem Handschuh wischte er über das Pergament. »Wie töricht von mir, ich hätte dir zunächst mein Angebot unterbreiten sollen.« Kurz überflog er die Zeilen, nickte, seine Miene wurde breit und gönnerhaft. Aus der Tasche nahm er einen Lederbeutel. »Das für den Anfang.«

Harald fühlte die schweren Münzen. »Silber?«, hauchte er.

»Bedenke, wen du vor dir hast. Mit Kleingeld gebe ich mich nicht ab. Fünf Golddukaten bester Prägung.«

Luzifer deutete das fassungslose Schweigen falsch, zähneknirschend legte er noch einen Beutel obendrauf. »Zehn. Als Vorschuss ist das mehr als genug.«

Dem Leineweber schwindelte. Mit diesem Reichtum wäre er alle Schulden los. Mehr noch, ein neuer Webrahmen und für Sabine zwei Häubchen aus Spitze, Schultertücher. Vielleicht noch mehr, damit könnten wir uns sogar Kinder leisten …

»Vertrödle nicht meine Zeit. Bist du bereit, das Geschäft abzuschließen?«

Harald wischte die Träume weg. »Verzeiht, Herr Großfürst, ich hab's noch nicht begriffen.«

»Da soll doch …« Luzifer fauchte Schwefeldampf aus der Nase, hart stieß er seinen klobigen linken Stiefel auf. »Dem Buben, der behauptet, ihr am Niederrhein hättet Verstand, dem werde ich eigenhändig die Hörner stutzen.« Er zwang sich zur Mäßigung. »Mein kluger Freund. Ich gebe dir Gold, und du verschreibst mir dafür deine Seele. Ist das einfach genug?«

Der Magen verkrampfte sich. Nehm ich nicht an, wächst der Schuldenberg, und ich schufte mich weiter ab, bis ich untergeh oder im Turm verschmachte. Langsam nickte Harald.

»Na endlich. So und jetzt unterzeichne.« Blitzschnell hatte Luzifer einen spitzen Dolch in der Hand.

Der Weber drückte sich in die Bankecke. »Wie viel Zeit bleibt mir? Ich mein, wann holt …«

»Verdient hast du keinen Tag.« Wohlwollend schabte Luzifer die Klinge am Hals des Opfers. »Aber ich bin der Großfürst und deshalb großzügig. Ich lasse dir Zeit, bis du dein Leinentuch gewebt hast. Außerdem, während dieser Frist erhältst du von mir Gold, so viel du möchtest.« Gleich schränkte der Versucher ein. »Doch übertreibe nicht. Bedenke, danach bist du mir auf ewig ausgeliefert. Auch in der Hölle wird Bescheidenheit belohnt.«

»Danke«, stammelte Harald und dachte: So bleibt mir wenigstens eine Woche. Vielleicht lacht Sabine, nicht nur wenn sie die Geschenke sieht, vielleicht auch wenigstens einmal nachts, wenn sie mit mir in der Kammer ist. Für dieses kleine Glück war Harald bereit.

Luzifer reichte ihm den Dolch. »Ritz dich selbst.«

»Ich soll ...«

»Ja, du verdammter Zweibeiner«, zischte er. »Meine Verträge werden mit Blut unterzeichnet.«

Schmerzhaft zuckte der Leineweber, das Blut quoll aus dem Zeigefinger. »Genügt ein Kreuz?«

»Wage es nicht!«, bellte der Oberste aller Versucher.

Gehorsam malte Harald seinen Namen. Sofort wurde ihm das Pergament weggerissen. »Pest und Schwefel, ein hartes Stück Arbeit.« Der Teufel langte nach draußen, schlug an den Schlag. »Anhalten!« Kaum stand die Kutsche. »Nimm dein Gold und verschwinde.« Benommen stieg der Weber aus.

»Halt, warte, Zweibeiner. Falls du wirklich noch mehr Dukaten brauchst, rufe nach mir. Mein Kutscher wird es dir bringen. Ich selbst komme erst in einer Woche. Bis dahin wirst du das Tuch ja wohl gewebt haben. Arbeite fleißig, Bursche. Ich bin es nicht gewohnt zu warten.« Wieder schlug Luzifer an den Schlag. »Gib dem Gaul die Peitsche. Für heute habe ich die Nase voll von den Kreaturen am Niederrhein.«

Aufwiehernd zog das Pferd an. Staubwolken wirbelten. Als sie sich legten, war die elegante schwarze Kutsche verschwunden. »Was war nur?« Harald hielt zwei Goldbeutel in den Händen, sah das vertrocknete Blut am Zeigefinger. Kein Traum. Der Pakt war geschlossen. Ein Zurück gab es nicht mehr.

Obwohl Sabine und die Schwiegereltern wussten, welch schweren Gang er in Kempen gegangen war, niemand grüßte, niemand fragte. Heute war es Harald sogar recht. Er betrat den Bretterverschlag neben seiner Hütte und verriegelte die Tür. Inmitten des dämmrigen Raums stand der Webstuhl. Hier schuftete Harald von früh bis spät, während draußen seine Familie Tag für Tag unbekümmert den Lohn der Arbeit ausgab und mehr als den.

»Damit muss Schluss sein«, flüsterte er.

Harald ließ sich auf den Hocker fallen, presste den Goldschatz an die Stirn. »Solang ich noch bei euch bin, will ich alles regeln.« Mit den Gläubigern würde er schnell fertig. Aber wie für die Eltern und Sabine vorsorgen, wenn sie weiter so das Geld verschwendeten?

Ein kühner Gedanke erschreckte ihn, beim zweiten Nachdenken gefiel er. Harald sprang auf. Ein Entschluss war gefasst, der Plan zwar noch nicht ausgereift. Ganz gleich, Schritt nach Schritt wollte er neu entscheiden. Nur wenige Tage blieben ihm. Er musste sofort handeln.

Drei Dukaten zählte er ab. Sorgfältig versteckte er den üppigen Rest unter den mit Flachsgarn gewickelten Spulen. Das Gold blinkte in seiner Hand. »Wir sind reich. Doch wie reich, das verrat ich nicht.« Erst wenn die Gläubiger bezahlt sind, sollte seine Familie die Wahrheit erfahren. Vielleicht auch nicht. Harald fuhr zusammen. Für einen Augenblick fühlte er schon die Klaue des Teufels im Nacken. »Ach was. Daran denke ich morgen. Noch ist es nicht so weit.«

Er schritt hinüber ins große Wohnhaus der Schwiegereltern.

Kurz blickte Sabine hoch. »Dein Eintopf steht drüben in der Hütte. Rück ihn aufs Feuer, und stör uns nicht.« Sie beugte sich wieder zur Mutter. Gemeinsam nähten die Frauen einen Pelzkragen an den neuen Mantel.

Harald räusperte sich. »Ich muss euch was zeigen, auch dem Vater.«

Der Alte saß im Lehnstuhl, paffte an seiner Pfeife, der Bierkrug stand griffbereit. So dämmerte er seinen Spielverlusten nach.

Da niemand hörte, schritt Harald kurzentschlossen quer durch die Stube. Nacheinander warf er die Münzen auf den Tisch. Das Klimpern und Glitzern ließ die Familie hochfahren. Achtlos wurde der Pelz zur Seite geworfen. Mit Schwung wuchtete sich der Alte aus dem Sessel. Im Nu standen sie um die Tischplatte und staunten. Ruhig sagte der Leineweber: »Ich hab einen reichen Auftraggeber gefunden. Das ist nur der Vorschuss.« Die drei atmeten aus, atmeten tief ein.

»Geliebter.« Sabine hielt den Blick fest auf das Gold gerichtet.

Ihre Mutter fuhr mit der Zunge über die Lippen. »Mein tüchtiger Junge.«

»Sohn, ich wusste immer schon, dass was in dir steckt.« Damit schlug der Vater ihm auf die Schulter.

Ein freudiger Schreck währt nicht lange. Schon streckte die Bäuerin die Hand aus. »Das Beste ist, ich verwahre das Gold. Bei mir ist es gut aufgehoben.«

»Lass nur, Frau.« Der Alte schob sie zur Seite. »Für Geldsachen ist das Familienoberhaupt zuständig.«

»Das würde euch so passen.« Sabine funkelte die Eltern an, sie streichelte den Arm ihres Mannes. »Das ist mein Harald. Also gehören die Dukaten mir.«

»Undankbares Kind!«, schrien die Eltern. Gleichzeitig stürzten sich alle drei auf den Tisch. Harald war schneller. Mit einem Griff hatte er die Münzen in der Faust. »Schweigt!«

Sofort gehorchten sie. Das war noch nie, staunte der Leineweber. »Das Geld gehört mir, und ich bekomme noch mehr. Aber ich muss es zusammenhalten, weil wir Schulden haben.« Er dehnte die Pause. »Morgen wechsele ich einen Dukaten in Silbertaler und Stuber um. Ich werde euch ...« Harald rechnete, nahm die Finger zu Hilfe.

Mit offenem Mund starrten ihn die Gierigen an. Endlich sprach er weiter. »Gut. Jeder bekommt etwas. Unter einer Bedingung. Du, Vater, gehst morgen nicht ins Wirtshaus. Du, Mutter, kaufst nichts beim Metzger oder Weinhändler. Und du, Sabine, ziehst nicht gleich in der Früh ein Festkleid an. Putz endlich mal unsere Stube, und back mir Reibekuchen.«

Es war heraus. Gespannt sah Harald von einem zum anderen. Keine Beschimpfung, kein Gezeter. Folgsam nickten die drei, Sabine versprach sogar: »Und zu den Reibekuchen gibt es Rübenkraut.«

Der erste Schritt war gelungen.

In der Nacht wurde Harald durch Rascheln geweckt. Unter halbgeschlossenen Lidern beobachtete er seine Frau. Beim Schein der Kerze durchsuchte sie seine Rocktaschen. Alles bessert sich nicht gleich. Der Leineweber schmunzelte, aber warte nur, das wird sich auch noch ändern. Er bewegte die Zehen, fühlte die Dukaten im Strumpf. Wenn ich nur genug Zeit hab.

Wie jeden Morgen betrat Harald seine Werkstatt. Wie gewohnt schoss er bald das Garnschiffchen zwischen den Kettfäden hin und her.

Sabine stand in der Tür. »Geliebter«, säuselte sie. »Arbeite nicht so viel. Denk an den Dukaten.«

»Später«, brummte Harald.

Kurz vor Mittag erschienen die Schwiegereltern. »Du wolltest doch ...«

»Später.«

Und gegen Abend war es wirklich zu spät.

Duft nach Reibeplätzchen lockte den Leineweber in die Küche. Stumm saßen Sabine und die Schwiegereltern am Tisch. Kein Würfelspiel, keine überflüssigen Einkäufe, den Tag über hatte seine Familie nur die Tür der Werkstatt belauert.

»Morgen wechsele ich zwei Dukaten.« Harald stopfte die Köstlichkeit in sich hinein. Noch nie hatte er sich im Kreis seiner Lieben so wohl gefühlt. »Wenn ihr wieder nichts ausgebt, bekommt jeder einen Taler und noch einen halben Dukaten obendrauf.«

Sofort waren sie einverstanden. Allein die Hoffnung auf Geld bewirkt Wunder. Ohne Murren schnürte seine Familie den Gürtel enger. Sabine wurde nicht müde, ihren Harald mit verliebten Augen zu umgarnen. Später im Bett gurrte sie und schmiegte sich lange an ihn.

Beim ersten Taggrauen griff Harald unter die Garnspulen, zählte sechs Dukaten ab, kurz blickte er zum Webstuhl. »Drei Ellen hab ich gestern geschafft.« Wenn er zurück war, wollte er weiterarbeiten.

Die Wucherer in Kempen staunten. Sprachlos strich der erste den Namen des Leinewebers aus seinem Buch. Der zweite lamentierte: »Du hast mich falsch verstanden. So schnell wollte ich das Geld nicht zurück.« Der dritte brachte ihn mit Bücklingen zur Tür. »Wenn du wieder einmal knapp bist, komm getrost zu mir.«

Dem vierten Geldverleiher schwoll die Zornader. »Kaum Zinsen. Was sind das für Zeiten, wenn selbst die Weber ihre Schulden begleichen.«

Harald beugte sich erleichtert über den Marktbrunnen. Er trank aus der Hand. So kühl lief ihm das Wasser durch die Kehle. Auf dem Heimweg sah er den weiten Himmel, atmete die herbstliche Luft und zerriss einen Schuldschein nach dem anderen, die Schnipsel warf er hinter sich.

»Vier Dukaten hab ich noch. Genug um neu ...« Der Kloß im Hals erstickte die Freude. Keine Pläne. »Nicht für mich. Vielleicht für Sabine und die Schwiegereltern.«

Voller Ungeduld erwartete ihn seine Familie.

»Nachher.« Mehr sagte Harald nicht und ging in die Werkstatt. Zweimal schoss er das Schiffchen. Das Weben ging ihm schwer von der Hand. »Viel schaff ich heut nicht mehr.« Mit den Augen nahm er Maß. »Wenn ich ab morgen schnell bin, ist das Stück in fünf Tagen fertig. Dann holt mich der Satan.«

Harald überprüfte das breitgespannte Gewebe im Tempel. Der Pakt? Was hatte Luzifer mit ihm ausgemacht? »Ich lass' dir Zeit, bis du dein Leinentuch gewebt hast.« Verstohlen blickte er sich um. Nein, der Satan belauschte ihn nicht. »Arbeite ich langsam, leb ich länger.« Behutsam legte er den Schützen beiseite und flüsterte: »Die Hölle soll warten.«

An diesem Abend ließ Harald vor den Augen seiner Familie wieder drei Goldstücke blinken. Die Gier durfte nicht erkalten. »Zum Wechseln hatte ich keine Zeit. Gebt ihr auch morgen nichts aus, dann hat jeder einen ganzen Dukaten gut bei mir.« Wie aus einem Mund riefen Sabine und die Eltern: »Wir sparen.« Darauf hatte Harald sehnsüchtig gewartet. Ohne die Zunge zu brechen, glatt war ihnen das Wort »sparen« herausgerutscht.

Einem tüchtigen Handwerker am Niederrhein fällt es schwer, eine Arbeit hinauszuzögern. Doch Harald ging es ums nackte Leben, da war jedes Mittel recht, selbst Faulheit. In den folgenden Tagen zwang er sich, nur wenig zu weben, höchstens fünfzig bis sechzig Schuss.

Abend für Abend versprach er Sabine und den Eltern, für jeden einen halben Dukaten mehr beiseitezulegen. Seine Familie zählte zusammen und blieb auf dem richtigen Weg.

Bald waren es neun Goldstücke. »So viel besitz ich gar nicht mehr.« Er musste aber den angesammelten Reichtum hin und wieder vorzeigen, sonst verlor die Sparkur den Anreiz.

Seiner Familie teilte er mit: »Ich erwarte heute den Boten meines Auftraggebers. Stört mich nicht.« Allein in der Werkstatt rief er nach dem Großfürsten. Wenig später hielt der elegante Wagen vor der Tür. Der Kutscher setzte stumm einen prallen Beutel vor ihn hin, so schnell wie er gekommen war, verschwand er wieder.

Am siebten Tag erschien Luzifer selbst. »Was soll das, Zweibeiner?« Schnaubend starrte er auf die Arbeit. Das Leinentuch war erst zu zwei Drittel gewebt.

»Mein Stuhl ist alt.« Harald zuckte die Achsel. »Schneller geht es nicht.«

»Verstehe. Weil mir deine Seele in der Nase juckt, verlängere ich die Frist um eine Woche.«

Dem Himmel sei Dank, vom Weben versteht der Satan nichts. Harald unterdrückte ein Aufseufzen. Kühn forderte er: »Da Ihr schon mal hier seid. Lasst mir noch etwas Gold da.«

»Pest und Schwefel …«

»Verzeiht, Herr.« So verständnisvoll wie möglich bot der Leineweber an: »Falls es Euch zu teuer wird, könnt Ihr gern den Vertrag lösen.«

»Kein Wort davon! Ein Satan gibt nicht auf. Niemals.«

Mit einem Knall verschwand Luzifer, zurück blieben Gestank und ein praller Dukatenbeutel.

Längst musste Harald seiner Familie keine neuen Goldstücke mehr versprechen. Wer viel gespart hat, gibt nicht gerne aus. Kein Würfelspiel mehr, zum ersten Mal seit Jahren pflügte der Schwiegervater selbst und brachte die Wintersaat aus. Die Mutter wollte am Samstag kein Fest geben, sie ließ sich von den Nachbarn einladen, nur ein kleines Geschenk nahm sie mit. Sabine band sich morgens die Schürze um, scheuerte den Tisch und füllte die Bettdecke mit frischem Heu.

In der Werkstatt hielt Harald das Garnschiffchen fest. Angst trieb ihm den Schweiß auf die Stirn. Noch vier, nur noch vier Schuss.

»Na los, Zweibeiner!« Er fuhr zusammen. Hinter ihm lachte Luzifer. »Dein Kessel wird schon angeheizt.«

Wie oft hatte Harald seine Gläubiger hingehalten? Solch eine Übung schult den Verstand. »Es dauert noch, gnädiger Großfürst. Gut eine Woche.«

»Warum? Zum Herrgott!«

»Weil ich, weil … Ja, zum Abschied will ich ein besonders großes Tuch weben. Meine Familie soll stolz auf mich sein, versteht Ihr. Deshalb knüpfe ich jetzt Längerkordeln an die Kette und arbeite weiter.«

Luzifer packte seine Haare, riss ihn näher. »Du magerer Schlaukopf. Warte nur, bis ich dich hab, ich werde dich mit Gewürm und Giftspinnen mästen.« Er schleuderte ihn zu Boden. Ungefragt hinterließ er einen Dukatenbeutel und war verschwunden.

Harald webte langsam und langsamer. Manchmal schlief er über der Arbeit ein. Doch auch jede gewonnene Zeit verrinnt irgendwann. Knapp eine Elle trennte ihn noch vom sicheren Ende.

Voller Ungeduld kehrte der Oberste aller Versucher zurück. »Zwei Monate Zeit hast du dir gestohlen. Jetzt, Bursche, schau ich dir auf die Finger. Ausreden nützen dir nichts mehr. Gleich schnapp ich dich.«

Harald zitterte am ganzen Leib. Mit einem Mal lastete die Anspannung der letzten Wochen doppelt schwer auf seinen Schultern. Sein Mut war zermürbt. Kaum gelang es ihm, den Schützen durch das Fach zu schnellen. Schwer stützte er sich an den Webstuhl. Das alte Holz ächzte. Der Tempel zerbrach.

Sofort sprang der Teufel näher. »Was bedeutet das?«

Harald starrte erschöpft vor sich hin. »Wenn das Gewebe nicht breit gespannt wird, kann ich nicht weiterarbeiten. So ist das.« Er streckte die Hände. »Da. Nimm mich mit. Ich geb auf. Jetzt oder später, du bekommst mich ja doch.«

»Das könnte dir so gefallen«, fauchte Luzifer. »Nein, Schlauberger. Bis aufs letzte Jota wird der Vertrag erfüllt. Glaubst du, ich will kurz vor Schluss einen Formfehler riskieren? Diese himmlischen Rechtsverdreher warten doch nur darauf. Nein, Zweibeiner. Du bringst die Arbeit zum Ende. Und zwar heute noch.«

Der Tempel war zerbrochen, schlaff hing das Gewebe. »Wie denn? Verdammt!« Der Zorn schürte Haralds letzten Kräfte. »Die Fäden spannt selbst der Satan nicht auseinander. Da müssten schon zwei von deiner Sorte her.«

»Ich verbitte mir diesen Ton!« Jäh glühten die schwarzen Augen auf. Ein hämisches Grinsen verzerrte das Gesicht des Großfürsten. »Zwei, sagst du? Nichts leichter als das.« Er schnippte. Sofort sprangen zwei Unterteufel durch die Bretterwand. Haarige Unholde, aus dem Maul tropfte der Geifer. Luzifer lobte: »Brav, meine Buben. Einer nach rechts, der andere nach links. Spannt die Fäden!«

Mit ihren gelblichen Fangzähnen strafften sie das Gewebe.

»Nun arbeite, Zweibeiner.«

Harald sah die beiden Fratzen, roch den Gestank. Euch werd ich's geben. Hart schlug er den Schützen hin und her. Zweimal krachte es. Infernalisches Geheul folgte. Beiden Unterteufeln fehlten die langen Zähne.

»Die taugen nichts«, brummte Harald.

»Ihr elenden Versager!« Luzifer stieß sie mit den Köpfen gegeneinander und warf sie hinaus.

Fingerschnippen. Schon waren die nächsten Buben zur Stelle. Zwei Schuss, auch ihnen zerschlug Harald das Gebiss. »So werd ich nie fertig.«

»Pest und Krötenschleim!«, tobte der Oberste aller Versucher und befahl neue Unterteufel her. Doch der Weber beherrschte den harten Schwung. Zehnmal lieferte Luzifer Ersatz. Und zehnmal fuhren die Bubenpaare heulend davon.

Luzifer starrte auf die Zahnhaufen rechts und links des Webstuhls. Ein Herrscher muss stets Vor- und Nachteile abwägen, das ist in der Hölle wie im Himmel, so auch auf Erden nicht anders. Ohne Gebiss war sein Spezialtrupp nur noch die Hälfte wert. Für eine magere Seele vom Niederrhein durfte das allseits gerühmte teuflische Zähneknirschen nicht aufs Spiel gesetzt werden.

»Schluss! Lass deine Finger von dem Ding.« Er zog den Vertrag aus dem Rock. »Das Gold kannst du behalten, Zweibeiner.« Zwischen seinen Fingern ließ er das Pergament in Flammen aufgehen, die Asche verstreute er. »Ich verzichte auf deine Seele. Sie ist mir den Aufwand nicht wert.«

Schwefel dampfte aus Nase und Mund, mit hochgerecktem Kinn verließ der Großfürst die Werkstatt.

Harald hockte vor seinem Webstuhl. Glück benötigt Zeit, bis der Verstand begreift. So flüsterte er nur: »Meinetwegen. Wenn du mich nicht willst, dann eben nicht.«

Nachspiel im Reich des Bösen

Ein Satan gibt nicht auf.
Niemals!

Im Nobiskrug schritt Luzifer vor seinem Spezialtrupp auf und ab. »Mein überaus erfolgreicher Test hat ergeben: Die Gegend am Niederrhein taugt nichts. Das Land ist zu öde, die Seelen zu mickrig.« Lüstern strich er über die Karte. »Doch hier haben wir das fette Münsterland.« Er atmete tief ein. Die Unterteufel seufzten. Seelenhungrig rief der Oberste aller Versucher: »Bewegt den Huf, meine Buben. Kein Pardon. Ein Satan gibt nicht auf. Niemals!«

Nachwort

»Ein Satan gibt nicht auf. Niemals.«
Nachdenklich besah sich der Oberste aller Versucher den Niederrhein. Kleve, Goch, Xanten. Wesel und Duisburg. Venlo und Krefeld. »Obwohl die Zweibeiner sich redlich abstrampeln, gut leben sie nicht. Müsste doch mit dem Himmel zugehen, wenn wir da nicht mit schönen Worten und ein paar Goldstücken gleich fuderweise Seelen für unsere Siedekessel einfangen.«

Der Plan des Teufels konnte nicht aufgehen. Seine Gier machte ihn blind. Er sah sehr wohl die Schar der geplagten Zweibeiner, rechnete aber nicht mit dem stark entwickelten Lebenswillen der Menschen am Niederrhein. Die Weite der Landschaft förderte und forderte Aktivitäten, sich zu verändern, zu erneuern, zu gestalten. Auch die politische Zerrissenheit der vergangenen Epochen, die deutlich wird in den konkurrierenden Rechtsverhältnissen der Franken und Sachsen im Mittelalter oder in den wechselnden Machtverhältnissen im 80-jährigen Krieg, sie zerstörte nicht, ja, stärkte vielleicht sogar solche inneren Kräfte, die Menschen prägte, die nicht aufgeben, selbst wenn sie fast völlig verzweifelt sind.

Schuster Heinrich saß entmutigt in seiner Werkstatt, ratlos ob seiner verpfändeten Seele. *»Es hat keinen Zweck.« Er strich mit der Staubfeder über Ahle, Raspeln und Glätteisen, schließlich ließ er sie achtlos fallen, die Feder blieb an der verschmierten Pechbüchse kleben. Ein Gedanke. Gleich verwarf ihn der Schuster wieder. Doch beharrlich kehrte der Gedanke zurück. »Versuchen muss ich es.«*

Tilman Röhrig zeigt die Menschen in ihrem Alltag. Damit gelingt es ihm, die vielschichtige Realität über das nur äußerlich Sichtbare hinaus erlebbar zu machen. Sein Denken und Schreiben öffnet fundamentale Lebensbilder, die Erfahrungen und Handeln bestimmen. Dabei wird ein umfassendes Zeitbild deutlich, das wie ein Gewebe alle Facetten des Lebens durchwirkt.

~

Die historische Vorarbeit ist für Tilman Röhrig zwingend, sie bildet den Nährboden seiner Erzählungen.

Warum haben die Menschen am Niederrhein Angst vor Drachen? Auf welchen Erlebnissen basiert dieses Gefühl der Bedrohung?

Der eigentliche Kern der Sage, die sich im 9. Jahrhundert ansiedelt, ist aufzuspüren, das ursprüngliche Umfeld, die Zeit, Religion, Politik sind zu untersuchen. Nur so erschließt sich nach und nach das »Wahre« in diesem Motiv. Erst wenn man – wie hier – die Furcht vor den Wikingern versteht, deren Schiffe und Schilde Drachenfiguren trugen, wird vieles transparent. So formiert sich eine Kampfgruppe der Wikinger zu einem schuppigen Drachen, vorneweg der Echsenkopf, das Symbol, und die ganze Truppe wird zu einem Untier.

Oder: »Die Kroaten kommen!« Dieser Schreckensruf von 1635 gilt nach wie vor, unbeeinflusst von aktuellen Ereignissen, als Synonym für Chaos und Verwüstungen am Niederrhein. Wie tief muss das Leid der Menschen gewesen sein!

Hilft die Geschichte, aufzuklären? Wer waren »die Kroaten«? Woher kamen sie? Wem waren sie unterstellt? Ist ihr Name doch nur äquivalent? Die Studien von historischen Flugblättern, Augenzeugenberichten, Verträgen, Machtverhältnissen lassen Namen, Orte und Taten lebendig werden: Piccolomini, Kevelaer und Verwüstungen.

In diese Zeit ist Elga von Liedberg hineingeboren. *»Was ist Frieden?«,* fragt sie ihre Mutter, die Hebamme und Heilkundige. *»Ich weiß es nicht genau, Kind. Als ich geboren wurde, da war schon Krieg. Weißt du, Elga, im Frieden, da gibt es keine Angst. Und jeder hat Brot genug, und draußen …« Lächelnd hielt sie dem Kind beide Hände hin. »Da duftet es nach Minze und nach dem herben Salbei. So, glaub ich, riecht der Frieden.«*

Doch das Unfassbare bricht herein. Zerstörung und Vernichtung. Tilman Röhrig schöpft aus der alten Erzähltradition und lässt doch Neues entstehen. Er verknüpft Erlebnisse und subjektive Wahrnehmungen mit Ereignissen und Realitäten. Das bindet er ein in den umgreifenden, regional spezifischen Vorstellungshorizont und in mythische Empfindungen. Erzählungen entstehen durch seine literarische Kunst, die uns Fremdartiges nahebringt, um zu versuchen, durch Miterleben zu begreifen.

Die Recherchen zu diesem Buch wurden unterstützt durch die Sammlungen und die bereitwilligen Hilfen der Heimatvereine, Bibliotheken und der Heimatforscher des Niederrheins. Eine verlässliche Quelle war das Sagenarchiv von Stefan Kronsbein, in dem – erstmals im deutschsprachigen Raum – alle Sagen und Sagenfassungen mit ihren Quellen für eine bestimmte Region versammelt sind.

Prof. Dr. Peter Conrady

Literaturverzeichnis

Biehn, Heinz: Rheinische Sagen und Märchen. Mainz 1957

Bockemühl, Erich: Das goldene Spinnrad. Duisburg 1960

Bockemühl, Erich/Teggers, Heribert: Land um den Rhein von Bonn bis Emmerich. Braunschweig 1956

Bodens, Wilhelm: Sage, Märchen und Schwank am Niederrhein. Bonn 1937

Cäsarius von Heisterbach: Wunderbare und denkwürdige Geschichten aus den Werken. Ausgewählt, übersetzt und erläutert von Alexander Kaufmann. Köln. 1. Teil = 1888; 2. Teil = 1891 (= Annalen des Historischen Vereins für den Niederrhein, insbesondere die alte Erzdiöcese Köln, 27. Heft + 53. Heft)

Char, Fr.: Geschichte des Herzogtums Cleve. Cleve/Leipzig 1845

Dicks, Matthias: Die Abtei Camp am Niederrhein. Kempen 1913

Elm, Kaspar: Norbert von Xanten. Köln 1984

Flink, Klaus: Rees, Xanten, Geldern. Formen der städtischen und territorialen Entwicklung am Niederrhein. Kleve 1981

Gath, Goswin Peter: Rheinische Legenden. Köln 1947

Geib, Karl: Die Sagen und Geschichten des Rheinlandes. Mannheim 1836

Gerritz, Eugen: Troia Sive Xantum. Beiträge zur Geschichte einer niederrheinischen Stadt. Xanten 1964

Die Geschichte vom Schwanenritter. Aus den Chroniken der Troubadoure. Aus dem Altfranzösischen übertragen und nacherzählt von Ruth Schirmer. München 1992

Grauwen, Wilfried Marcel: Norbert, Erzbischof von Magdeburg (1126–1134). 2. Aufl. Duisburg 1986

Grimm, Brüder: Deutsche Sagen I (1816) + II (1818). Frankfurt 1981

Henßen, Gottfried: Sang und Sage am Rhein. Essen 1935

Jörissen, Josef: Chronik der Gemeinde Bedburg-Hau. Gemeinde Bedburg-Hau 1990

Keller, Karl: Die Geldrische Drachensage im Meinungsstreit Geldrischer Historiker. Geldern 1970

Keussen, Hermann: Das adelige Frauenkloster Meer bei Neuss. Crefeld 1866

Kiefer, F. J.: Die Sagen des Rheinlandes. Köln 1845

Kronsbein, Stefan: Archiv zur Dissertation (unveröffentlicht; D.i.V.). Krefeld 1994

Meyers, Fritz: Die schönsten Sagen vom Niederrhein (1985). 4. Aufl. Essen 1991

Michels, Friedrich: Geschichte und Beschreibung der ehemaligen Abtei Camp bei Rheinberg. Crefeld 1832/Hüls 1935

Müller, Carl: Kroatische Soldaten am Niederrhein. In: Heimatkalender (Klever Land). 1960, S. 74–79

Nellessen, Dieter: Niederrheinische Sagen, Märchen, Legenden, Geschichte(n), Anekdoten und Schwanke aus Krefeld (= Quellen und Materialien zur Geschichte und Entwicklung der Stadt Krefeld, Bd. 6). Krefeld 1994

Nettesheim, Friedrich: Geschichte der Stadt und des Amtes Geldern (1863). Kevelaer 1963

Nießen, Josef: Sagen und Legenden vom Niederrhein. 1. Band = Kempen o. J. (1909); 2. Band = Kempen 1911

Parker, Geoffrey: Der Aufstand der Niederlande. München 1979

Petzoldt, Leander (Hg.): Deutsche Volkssagen. 2. Aufl. München 1978

Rheinische Geschichte in drei Bänden. Hg. von Franz Petri und Georg Droege. Düsseldorf 1980

Schell, Otto: Sagen des Rheinlandes. Leipzig 1922

Schölten, Robert: Die Stadt Cleve. Beiträge zur Geschichte. Cleve 1879

Schölten, Robert: Zur Geschichte der Stadt Cleve. Cleve 1905

Der Schwanritter. Deutsche Verserzählungen des 13. und 14. Jahrhunderts. Hg. Hans Joachim Gernentz. Berlin 1972

Simrock, Karl: Rheinsagen aus dem Munde des Volkes und deutscher Dichter. 2. Auflage Bonn 1837 (mit: Kaufmann, Alexander: Quellenangaben und Bemerkungen zu Karl Simrocks Rheinsagen und Alexander Kaufmanns Mainsagen. Köln 1862)

Simrock, Karl: Ausgewählte Werke in 12 Bänden. 7. Band, Leipzig o. J.

Spitz, Johann Wilhelm: Rheinischer Sagen- und Liederschatz in Volksgeschichten, Legenden und Mythen vom Rhein und seinen Nebenflüssen (Bd. 1 und 2). Düsseldorf/Köln 1843

Therstappen, Paul: Legenden und Mären zwischen Rhein und Maas. 2. Aufl. Aachen 1946

Trog, c.: Rheinlands Wunderhorn. Sagen, Geschichten und Legenden. 15. Band, Essen und Leipzig o. J. (1921)

Zaunert, Paul: Rheinlandsagen. Jena 1924

Ortsverzeichnis

Die wichtigsten erwähnten Landschaften und Orte:

Der Drache von Geldern

Geldern, Pont

Der Schwanenritter von Kleve

Kleve, Nimwegen

Der Untergang des Zwergenvolkes

Eschweiler Wald, Hülseberg, Hülserbruch, Limburger Land, Selfkant, Siebengebirge, Gladbach, Kempen, Krefeld, Rheydt, Tönisberg, Vluyn, Wachtendonk, Wesel, Willich

Norbert von Xanten

Bislich, Köln, Magdeburg, Mainz, Rom, Siegburg, Ulpia Traiana, Xanten

Elga von Liedberg

Geldern, Goch, Kalkar, Kevelaer, Kleve, Krefeld, Liedberg, Schloss Moyland

Der Königfrosch von Menzelen

Menzelen, Xanten

Der Schlafkamp bei Meerbusch

Kamp, Meerbusch, Neuss

Teuflisches am Niederrhein

Aldekerk, Büderich, Duisburg, Goch, Grefrath, Herongen, Hinsbeck, Kempen, Kevelaer, Kleve, Köln, Krefeld, Veert, Venlo, Wesel, Winnekendonk, Xanten

Ebenfalls im Regionalia Verlag erschienen:

ISBN 978-3-95540-359-1

ISBN 978-3-939722-23-6

ISBN 978-3-939722-62-5

ISBN 978-3-95540-355-3

Jeweils 160 Seiten • 16,5 × 19,8 cm • Hardcover